THE
GOOD KARMA
TAROT

굿 카르마 타로

타로를 시작하는 이들을 위한 안내서

케리 워드 지음

THE
GOOD KARMA
TAROT
굿 카르마 타로

1판 1쇄 발행 2022년 2월 24일
1판 2쇄 발행 2026년 3월 25일

지은이 케리 워드
일러스트 에이미 블랙웰
옮긴이 송민경
펴낸이 김기옥

실용본부장 박재성
실용팀 이소정
마케터 서지운
지원 고광현, 김형식

디자인 푸른나무디자인
인쇄·제본 민언프린텍

펴낸곳 한스미디어(한즈미디어(주))
주소 121-839 서울시 마포구 양화로 11길 13(서교동, 강원빌딩 5층)
전화 02-707-0337 **팩스** 02-707-0198 **홈페이지** www.hansmedia.com
출판신고번호 제 313-2003-227호 **신고일자** 2003년 6월 25일
ISBN 979-11-6007-776-6 13180

책값은 뒤표지에 있습니다.
잘못 만들어진 책은 구입하신 서점에서 교환해 드립니다.

THE
GOOD KARMA
TAROT

굿 카르마 타로

타로를 시작하는 이들을 위한 안내서

케리 워드 지음

Hans Media

목차

서문 **6**

The Major Arcana • 메이저 아르카나 12
The Fool • 바보
The Magician • 마법사
The High Priestess • 여사제
The Empress • 여황제
The Emperor • 황제
The Hierophant • 대사제
The Lovers • 연인
The Chariot • 전차
Justice • 정의
The Hermit • 은둔자
The Wheel of Fortune • 운명의 수레바퀴
Strength • 힘
The Hanged Woman • 매달린 여자
Death • 죽음
Temperance • 절제
The Devil • 악마
The Tower • 탑
The Star • 별
The Moon • 달
The Sun • 태양
Judgement • 심판
The World • 세계

The Minor Arcana • 마이너 아르카나 58
The Suit of Cups • 컵 슈트
The Suit of Wands • 완드 슈트
The Suit of Swords • 소드 슈트
The Suit of Coins • 코인 슈트

타로 덱 다루기 116
감사의 글 128

서문

〈굿 카르마 타로〉의 세계에 오신 여러분 환영합니다. 여러분께 이 카드를 소개하게 되어 정말 기쁩니다. 이 카드가 당신의 타로적 힘과 능력을 활성화하는 여정이자 마법 같은 모험의 첫걸음이 되길 바랍니다. 여러분이 후회하지 않을 거라고 확신해요!

제가 타로카드 리딩을 한 지도 거의 25년이 되었습니다(타로 리더 대부분이 비슷할 거라 짐작되는데, 저 역시도 책을 읽거나 메모를 하고, 연습에 연습을 거듭하며 독학으로 타로를 익혀왔어요). 그리고 지금은 개인적으로 타로 리딩을 하거나 잡지 혹은 웹사이트에 타로를 기반으로 하는 기사와 예보를 게재하는 일로 먹고 살면서 이제는 책까지 쓰게 되었네요! 이건 삶을 살아가는 아주 멋진 방식이에요. 저는 매일 이렇게 함으로써 최대한의 가치를 얻고 이해하며, 그것을 잊지 않는 지름길과 쉬운 방법들을 타로로부터 많이 배우고 있죠. 그래서 여러분과 이 경험을 나누어, 누구나 타로 리딩을 배울 수 있고 이를 통해 진정한 가치를 얻을 수 있음을 확인시켜 주고 싶었어요.

저는 아주 특별하고 초자연적인 능력, 혹은 통찰력을 지니거나 대단히 영적인 사람만이 타로를 읽을 수 있다고는 생각하지 않습니다. 타로는 그저 인류가 지닌 아주 오래되고 시각화된 지혜의 원천이라고 믿을 뿐이에요. 우리 조상들은 수세기에 걸쳐 삶과 행동 방식, 관계, 개인의 기질을 밝히는 데 타로카드를 사용했고, 그에 따라 카드의 의미와 풀이는 시간이 흐를수록 진화해 왔죠. 누군들 그걸 활용하는 것을 마다할까요? 우리 이전의 무수히 많은 사람들에게서 자의식과 삶의 교훈을 미리 얻을 수 있는 기회를 바라지 않는 사람이 있을까요?

여러분이 해야 할 일은 하나, 시각적으로 마음에 드는 타로 덱(예를 들면 우리 카드?)을 찾고, 둘, 카드의 의미를 익히며, 셋, 카드를 배열하고 거기서 이야기와 의미, 해석을 만들어내는 것뿐입니다. 바로 그거예요. 여기에는 어떤 장치나 도구, 의식이나 방법도 필요하지 않답니다(자연스럽게 스프레드하고 즐기면서 유용하게 쓰면 돼요). 결정권은 당신이 쥐고 있으니까요. 타로 리딩은 인식(리딩하고 익힘)과 (연습에서 얻는) 경험, 그리고 확신(앞의 두 요소로부터 나오는 결정적 요소)이 어우러지는 행위이죠.

제 유일한 모토이자 여러분의 마음에도 와닿길 바라는 점이 하나 있다면, 타로 리딩은 늘 진실과 친절, 희망을 주어야 한다는 것입니다. 우리가 이 덱을 '굿 카르마(선한 업보)'라고 부르는 이유예요. 그늘이 드리운 세상에서 여러분이 빛을 발하는 존재가 되기를 바랍니다. 고난과 시험으로부터 지혜와 긍정적인 마음을 이끌어내세요. 이는 타로의 철학을 넘어서 삶의 훌륭한 태도가 될 것입니다.

책의 구성

책의 앞부분은 카드의 의미에 중점을 두고 있습니다. 여기서는 22장의 메이저 아르카나와 컵, 완드, 소드, 코인이라는 네 개의 슈트로 구성된 마이너 아르카나를 살펴봅니다. 각 카드의 설명은 기본적인 의미와 배열된 스프레드에서 카드가 사람을 가리키는 경우 이것이 나타내는 인물, 해당 카드가 본래 내포한 상징과 '굿 카르마'의 인용구로 이루어집니다. 메이저 아르카나를 읽고 나면(익히고 난 다음이면 더할 나위 없겠죠), 바로 카드 배열과 연습을 시작할 수 있어요.

책의 뒷부분에는 덱을 다루는 방법과 카드 배열법이 소개됩니다. 여러분이 카드 리딩을 시작할 수 있도록 간단한 스프레드 몇 개를 실어두었습니다. 먼저 그걸 활용해 연습하고, 준비가 된 다음에는 얼마든지 여러분 고유의 스프레드를 만드셔도 좋아요. [타로 속 스토리텔링의 예술] 코너는 반드시 읽어야 합니다. 전체 과정에서 가장 까다로운 부분, 즉 여러 장의 카드를 쓰는 스프레드를 창작하고 그로부터 해석이나 의미를 추출하는 데에 도움이 될 테니까요. 좀 더 쉽게 만들 수 있는 간단한 팁과 기술 몇 가지도 담았습니다. 물론 거듭된 연습이 정말 중요하지만요!

책 끝부분의 [타로 부적]은 여러분이 기운이 없거나 어려운 상황에 처하는 등의 시기마다 어떤 카드가 공명을 일으키는지 설명합니다. 타로는 저절로 힘겨운 일에 집중되어 현재 상황을 살피는 데 힘이 되는 조언과 도움이 되는 시각을 제공하죠. 여러분은 특정 카드를 가지고 다님으로써 그 카드가 지닌 지혜롭고 강력한 기운과 고유의 속성으로 자신을 '충전'할 수 있습니다. 이것은 마치 당신만의 카운슬러나 치어리더 팀을 다양한 상황에 맞춰 대기시켜 두는 것과 같아요.

타로의 역사: 기원부터 현대의 쓰임에 이르기까지

수세기에 걸쳐 타로카드는 점을 치거나 운세를 알아보는 도구로 사용되어 왔고, 78장의 카드로 구성된 덱의 종류와 디자인이 인상적이리만치 달라지고 변하고 있음에도 카드의 의미와 리딩 방법은 거의 그대로 남아 있습니다.

오늘날 우리가 타로카드라고 부르는 것은 14세기 후반에 시작되었다고 볼 수 있습니다. 유럽의 아티스트들은 게임을 위해 막대기나 지팡이, 원반이나 동전, 컵, 검이라는 네 가지의 각기 다른 슈트를 특징으로 하는 놀이용 카드를 만들었죠. 15세기 중반, 이탈리아 아티스트들은 추가적으로 더 화려하게 그려 만든 카드를 기존의 덱에 더하기 시작했어요. 그리고 이 카드는 트럼프, 즉 승리(triumph) 카드라고 불렸죠.

부유한 귀족 가문들은 아티스트에게 가족 구성원과 친구들을 승리 카드의 모델로, 그들 고유의 덱을 만들어달라고 의뢰했습니다. 당시에는 인쇄기가 없었고, 아티스트를 고용해 자신만의 개인 덱을 만들 수 있는 사람도 거의 없었죠. 그러다 보니 수세기 동안, 주문 제작한 카드는 희귀하고, 소수만이 가질 수 있는 대단한 물건이었습니다.

프랑스나 이탈리아 모두, 타로의 원래 용도는 점술 도구가 아닌 실내용 게임이었습니다. 16세기 후반, 17세기 초반에야 매우 단순한 방식으로나마 대중화되기 시작했어요. 그러다 18세기에 이르러 사람들이 각 카드에 특별한 의미를 부여하고, 점괘의 목적별로 카드를 배열하는 방법에 대한 의견도 나누게 되었죠.

1791년, 프랑스의 신비주의자 장 바티스트 알리에트(Jean-Baptiste Alliette)가 처음으로 게임이 아니라 점술 도구로 쓰기 위해 타로 덱을 만들었습니다. 빅토리아 시대 말엽에는 신비주의와 심령술의 인기가 급격히 치솟았고, (이런 활동에 탐닉할 돈과 시간이 있는) 많은 부자들은 점술가가 있거나 교령회가 벌어지는 곳에서 파티를 열곤 했어요. 이는 보통 상류층을 대상으로 한 오락과 여흥의 형태였으며, 타로는 이러한 시류의 한 부분이었죠. 그때부터 점술 도구로써의 타로에 대한 관심이 전혀 시들지 않고 쭉 이어지고 있다고 볼 수 있습니다.

아마 가장 대중적이고 오래된 덱을 말하자면 1909년 처음 발행된 라이더 웨이트 타로 덱을 들 수 있을 것입니다. 영국의 신비주의자 아서 웨이트는 최고급 덱을 만들기 위해 아티스트인 파멜라 콜먼 스미스와 같이 작업했습니다. 스미스는 마이너 아르카나에 처음으로 캐릭터를 사용한 아티스트였어요.. 그 이전의 마이너 아르카나에는 슈트의 상징만이 그려져 있었답니다. 이 책의 카드 설명에도 라이더 웨이트 덱의 전통적인 상징성을 참고했습니다(동일한 모티브와 기호를 고수하지는 않았지만 타로 독자들에게는 아이콘이 되는 덱이니까요).

타로가 주는 도움

적어도 우리에게 타로카드 리딩은 색다른 활동이며, 다른 사람들과 공유할 수 있는 흥미로운 장난이나 기발한 경험이 됩니다. 카드를 봐줄 수 있는지 물어보려고 다가오는 사람들로 여러분 주변이 북적거릴 거예요. 그리고 이는 새로운 친구를 사귀고 유대감과 인맥을 쌓거나 사람들을 더 빠르게, 더 잘 알 수 있는 방법이 되죠.

더 깊이 보자면, 타로는 여러분 자신의 성장을 위해 인생의 궤적(혹은 지나온 과거)을 검토하는 개인적이고 내밀한 렌즈가 되기도 합니다. 카드는 카운슬러이자 믿을 만한 친구, 현명한 조언의 원천, 의사 결정 도구, 생각할 여유이며 사색의 수단, 힘든 시기로부터 인생 교훈을 얻을 방법이자 감당할 수 없다고 생각되는 문제(이건 스포일러인데, 여러분은 할 수 있어요)를 어떻게 다루어야 할지 알려주는 상담 상대가 되어줄 거예요. 이 카드 덱은 모든 주제와 경험, 그리고 일상의 모든 기복, 고난과 기념할 만한 사건, 도전과 보상을 망라하고 있죠. 타로와 함께라면 여러분은 자신이 혼자가 아님을 깨닫게 될 것입니다. 여러분이 경험하는 모든 것은 우리 이전의 조상들이 겪고 견뎌온 것들이며, 여러분은 카드를 통해 그들의 지혜와 조언을 얻을 수 있습니다.

미신 밝히기

타로에 관한 선의의 조언이나 지침이 어마어마하게 많지만, (솔직히) 저는 그것들을 따르지도 않았을 뿐더러 이해조차 못할 때도 있었답니다. 전 게으르고 재미없는 사람이거든요. 법석을 떠는 것도 귀찮아하죠. 와전되거나 공포를 조장하는 이야기들도 엄청나게 많습니다. 다시 말하지만, 저는 늘 무시하는 것들이죠. 예를 들어볼게요.

타로는 마귀, 악마 숭배, 흑마술, 사악한 마법 등 어떤 것이든 귀신에 이르는 길이다.

미신입니다. 타로는 어떤 사악한 의미도, 상징도 내포하지 않으며 많은 문화와 문명사회에서 사용되어 왔죠. 다른 일에서도 그렇듯, 정말 악한 사람이 여러분의 카드를 읽는다면 여러분은 좋은 소식을 듣지 못할 수도 있겠지만, 그건 그들이 고약한 자들이기 때문입니다. 자, 문제없죠?

카드가 당신의 죽음이나 질병, 혹은 둘 다를 예견할 것이다.

(거의) **미신이죠.** 어떤 카드도 '죽음'이나 '질병'이 도래함을 의미하지 않습니다. 저는 개인적으로도 (심각한) 건강 문제는 타로 주제로 다루지 않는답니다(리딩 중에 사람들이 그런 질문을 하면 저는 전문 의료인과 이야기하라고 답하죠). 혹자는 특정 카드를 질병, 심지어 죽음과도 연결시키지만, 이는 그들의 입장에서 확대된 해석이므로 무시해도 좋습니다.

타로를 읽으려면 초자연적인 능력이 있어야 한다.

미신입니다. 저는 초능력자가 아니지만 그럭저럭 해오고 있어요. 각 카드는 고유의 의미를 품고 있기 때문에 그것을 익히기만 하면 됩니다. 어쩌면 우리 대부분에게 영적인 무언가가 잠재되어 있지만 늘 우리와 함께 있기에 평범하고 자연스럽게 느껴져 '신비한 힘'처럼 느껴지지 않는 것일지도 모르죠.

누군가를 위해 사용한 카드는 그 사람에게 선물로 줘야 한다.

미신이죠. 이게 사실이라면, 제가 장담하는데 타로 덱 쇼핑이라는 새로운 중독 증상이 생길 테고, 거기에 자금을 조달하기 위해서 당신은 주머니가 두둑한 친구를 찾거나 휴일에도 추가로 일해야 할걸요.

당신의 타로카드는 당신만 다룰 수 있다. 혹은, 다른 사람들에게는 효과가 없다.

미신입니다. 저는 누구에게도 제 카드를 빌려주지 않겠지만, 이는 단지 저한테 카드가 소중하다는 의미이자, 카드를 훼손하거나 잃어버리는 게 싫기 때문이죠. 그런 게 아니라면, 사람들이 볼 수 있게 해주세요. 그건 그렇고, 어차피 질문자는 당신의 카드를 섞어야 하니까 다루는 걸로 인정되겠네요. 그렇죠?

카드는 실크 스카프에 보관해야 한다.

미신이죠. 왜 그런 말이 나오는지 모르겠네요. 제 카드는 타로상자에 보관한답니다.

보름달 달빛 아래서 카드의 기운을 충전하는 게 좋다.

미신입니다. 이건 원석 관리랑 헷갈린 것 같은데요. 보름달 아래 창턱에 올려둘 수 있으면 문제 생길 일 없으니 괜찮겠죠. 좋은 아이디어지만 꼭 그럴 필요는 없어요.

• • • •

시작하기

다음은 여러분이 타로를 배울 준비가 되었을 때, 제가 권하고 싶은 행동과 순서에 대한 여덟 가지 체크리스트입니다.

1. 타로 덱을 선택하세요.

사실 제일 중요한 일 중에 하나죠! 카드가 마음에 들어야 하고, 이미지에서 영감이나 자극이 느껴져야 해요. 바로 이 덱이 여러분에게 그런 카드가 되길 바랍니다. 그렇지 않다면 다른 카드도 찾아보세요. 어떤 타로 덱을 다루든 이 책을 가이드북으로 쓸 수 있어요.

2. 타로 일지를 쓰세요.

좋은 노트를 한 권 사세요(문구 중독자들 귓가에 음악이… 핑계가 아주 좋죠?). 이 노트에 메모를 하고, 아이디어를 낙서하고, 스프레드를 제작하고, 여러분의 리딩을 수시로 기록하세요. 글을 쓰는 행위는 그 자체로 무언가를 암기하고 그 의미를 받아들이는 수단이에요. 리딩을 기록하는 습관은 당신의 생각을 정리하고 해석을 가공해 간결하고 분명하게 만드는 데 도움이 됩니다.

3. 메이저 아르카나를 순서대로 익히고, 그 카드들로만 스프레드를 시작합니다.

먼저 메이저 아르카나를 암기해 보세요. 딱 스물두 장이기 때문에, 간단한 스프레드와 리딩을 시작하기에 그런대로 충분합니다.

4. [타로 속 스토리텔링의 예술] 코너를 읽으세요(124-125쪽).

이 부분은 각각의 카드를 보는 것으로부터 여러 장의 카드 스프레드를 디자인하고 그것들로 '이야기'를 빚어낼 수 있게 되는 단계에 도달하기까지 도움이 될 거예요.

5. 코트카드(궁정카드)를 더합니다.

킹과 퀸, 나이트, 페이지를 외우고 이 카드들을 스프레드에 추가하세요. 계속 연습하고 메모해야 합니다.

6. 마이너 아르카나를 더하세요.

이제 나머지 마이너 아르카나 카드를 차례차례 다루고 한 번에 한 슈트씩 스프레드에 추가하세요. 거의 다 됐어요!

7. 타로 부적을 사용하세요.

126-127쪽에 있는 관련 글을 읽고 당신에게 충전이 필요할 때 지니고 다니세요. 그러면 덱과 당신의 유대감을 개인화하고 강화하는 데 도움이 될 거예요.

8. 당신만의 거대한 커닝 페이퍼를 만들어보세요!

이제 여러분은 모든 카드를 사용할 수 있게 되었습니다. 카드를 통해 구할 수 있는 모든 의미를 종이 한 장(커다란 종이…)이나 문서에 담아둔다면 도움이 될 거예요. 리딩할 때 (계속 책을 들춰 찾아보는 대신) 빠른 참조 가이드로 활용할 수 있거든요. 78장의 카드를 모두 충분히 익히는 데 수개월이 걸릴 테니, 빠른 참조 가이드가 있다면 편하게 리딩할 수 있어요.

그리고 꾸준히 연습하세요. 이 단계에 이르면, 이제 여러분은 다른 사람을 위해서도 리딩할 수 있는 준비가 됩니다(사람들이 줄 서서 기다릴걸요!).

THE
MAJOR ARCANA
메이저 아르카나

타로 덱에는 0(바보)부터 21(세계)까지 22장의 메이저 아르카나가 있습니다. 메이저 아르카나는 타로의 '파워 카드'로, 깨달음과 실천, 그리고 완성에 이르는 영혼의 여정에 해당하죠. 각 카드는 그 자체로 삶의 교훈이며, 다른 카드들과 함께 이 세상에서 유일무이한 자신만의 '꼭 맞는 자리'를 향해 나아가는 방법에 대한 이야기를 들려줍니다.

메이저 아르카나의 이러한 영적 여정은 무지하지만 직관이 있는 바보 카드로 시작해 세계 카드에서 끝이 납니다. 어떤 카드는 성격적 강점을 나타내고, 어떤 카드는 행동을 촉구하며, 또 다른 카드는 재능이나 기량을 나타내거나 우리의 결점과 두려움을 따르지 말라고 경고하기도 하죠.

타로 리딩에서 메이저 아르카나의 존재는 여러분이 우주로부터의 메시지나 보이지 않는 힘의 간섭과도 같은 특별한 의미가 있는 필연을 마주하고 있음을 나타냅니다(반면 마이너 아르카나는 우리가 스스로 제어할 수 있는 일상적 문제와 더 관련되어 있죠). 이러한 사건이나 통찰, 행동의 촉구는 곧잘 우리 자신의 설계나 능력을 넘어서죠. 이것들은 도전이나 기회의 모습으로 나타나며, 우리는 반드시 이를 자기 계발과 발전을 위해 중요하게 여겨야 합니다. 지녀야 할 가치가 있는 것은 쉬이 얻어지지 않다 보니, 이 카드에는 시험이나 어려움이 섞여 있기도 해요. 하지만 그것들은 당신이 역경이나 고난에 직면하거나 익숙한 영역에서 벗어남으로써 얻는 보상을 알 수 있게 해줍니다. 당신의 우주적 안내자라 할 수 있어요.

타로를 익힐 때는, 메이저 아르카나부터 시작하는 게 좋습니다. 가장 중요하고 시각적으로도 매력적이며 서사를 담고 있는 카드거든요. 이 카드들의 의미를 마이너 아르카나로 넘어가기에 앞서 단단히 새겨두세요. 처음에는 리딩을 할 때 온전히 메이저 아르카나에만 집중하는 게 좋아요. 그렇게 하면 이 카드들을 더욱 잘 기억하고 파악하는 데 도움이 될 거예요.

저는 이 책에서 각 카드의 의미를 서술하고, 이 카드가 사람을 나타내는 경우(예를 들어 누가 당신의 영혼의 단짝인지 물을 때) 그에 해당하는 별자리와도 연결시켰습니다. 또한 주요 의미를 상세히 싣고, 각 카드가 지닌 지혜의 본질을 나타내는 굿 카르마의 조언도 담았답니다.

THE FOOL

바보

**긍정적인 마음과 열정으로 힘차게 나아가라 •
당신다움을 잃지 마라 • 새로운 장을 펼치고 다시 시작하라**

적절하게도 타로의 첫 카드는 새로운 시작의 수호신입니다. 바보는 막 여행길에 나서려 하는 낙천적이고 열정적인 영혼이에요. 당신이 갈망을 느끼는 일이 무엇이든, 설사 '이론상' 어리석게 보이거나 다른 사람들이 눈살을 찌푸리는 것이더라도 이 카드가 나오면 일단 시작하는 것이 좋아요.

당신의 길은 오직 당신만이 걸을 수 있으며, 이 카드가 나타나면 머리보다는 마음을 따라야 해요. 마음에 품은 꿈을 실현시키기 위한 실행 계획과 세부 사항들을 다루는 데 집중함으로써 머릿속에 다른 생각이 들지 않게 합니다.

이 첫걸음은 다사다난한 일들과 반전이 가득한 긴 여정으로 이어질 가능성이 큽니다. 당신이 무슨 일을 시작한다고 생각하든지, 음, 그건 아마 다른 일로 바뀌게 될 거예요. 하지만 괜찮습니다. 그렇다고 망설이거나 우물쭈물할 필요도 없어요. 무엇이든 가능합니다. 세상은 무한한 기회로 가득하고 우주가 당신 편이니까요. 자, 이제 실패할 리 없다고 확신하는 사람처럼 나서는 겁니다.

다른 사람들도 모두 자신만의 길이 있고, 당신에게는 일시적인 변덕처럼 여겨지거나 어리석어 보일 수 있는 것이 그들에게는 인생의 염원일지도 모른다는 점을 명심하세요. 다른 이들이 '맡은 일(missions)'을 존중해야 합니다. 도울 수 있다면 더 좋고요!

바보 카드가 사람을 나타내는 경우, 그는 나이가 더 어리거나 젊은 시각을 지닌 인물일 확률이 높고, 아마 4원소 가운데 공기의 성향, 그중에서도 물병자리 태생일 가능성이 있습니다. 어쩌면 당신이 과감하게 도약하도록 그들이 이끌지도 몰라요.

• • • •

많은 타로 덱에서 바보는 멋모르고 위험한 벼랑 끝으로 다가가는 방랑자로 그려집니다. 그는 낡을 대로 낡은 누더기를 걸치고 막대에 작은 짐꾸러미를 매달아 가지고 다니는데, 이는 때 묻지 않은 잠재적 가능성 또는 아직 고통스러울 정도는 아닌 이제까지의 걱정을 상징하죠. 그런 그의 발치에서는 작은 개가 요란하게 짖어 댑니다. 어쩌면 조심하라는 자의식의 경고일 수도, 앞으로 무슨 일이 닥치든지 용기 있게 계속 나아가라는 격려일 수도 있습니다.

• • • •

굿 카르마의 조언
하루하루가 새로운 시작이다.

THE MAGICIAN

마법사

당신에게는 목적한 바를 이룰 힘이 있다 ·
실행에 옮겨라 · 자신의 기술과 재능을 써서 일하라

마법사는 새로운 기회를 드러내고 야망을 현실로 구현할 적절한 시기, 적절한 장소에 있음을 나타내는 아주 멋진 카드이며, 이 모든 것은 다른 누구도 아닌 당신 자신의 결정에 의한 것입니다. 이 카드는 창의력과 창작 행위이자 당신의 솜씨와 재치, 결단력으로 창의적인 예술이나 새로운 모험, 계획처럼 인생에서 새롭고 가치 있는 것을 빚어내는 예술을 상징하죠. 당신의 재능을 이롭게 써서 세상에 마법 같은 일을 더하고 사람들의 삶을 향상시켜 보세요.

미래를 위해서는 배우는 것이 좋고, 이는 꼭 필요한 과정입니다. 약간의 배움도 큰 도움이 될 수 있어요. 당신만의 재능과 강점을 인지하고 거기에 알맞게 투자하는 것이 중요하죠. 당신에게는 대수롭지 않거나 수월하게 생각되는 일이 남들에게는 가치 있고 탐나는 보물이 될 것입니다. 당신에게는 이미 내재된 힘이 있고, 당신은 지금 필요한 모든 것을 지니고 있어요. 그저 이를 깨닫고 사용하면 될 뿐입니다.

이 카드의 의미가 실질적으로 응용된 것이 기업가 정신과 자영업이라 할 수 있어요. 그것은 의지와 재능, 나아가 '자신을 위해서 하라', 자수성가하라는 동기부여를 상징하니까요. 마법사는 마음속에 그리는 것들을 실생활에 표현해 자기만의 현실을 창조합니다. 그리고 그건 정말 기분 좋은 일이죠!

마법사 카드가 사람을 나타내는 경우, 그는 재능 있고 영감을 불러일으키며 독자적으로 일을 하고 (실제로 결실을 맺는) 아이디어로 가득 찬 사람일 것입니다. 자신이 말한 바를 실천하는 사람이죠. 그리고 아마 쌍둥이자리나 처녀자리 태생일 거예요(마법사 카드의 지배 행성인 수성이 이 두 별자리를 다스리기 때문입니다).

• • • •

대부분의 타로 덱에서 마법사는 마법 도구와 4원소의 상징으로 둘러싸인 제단이나 테이블에 서 있는 모습으로 그려지죠. 그는 주문을 외워 자연으로부터 무언가를 드러냅니다. 무한대의 기호는 우리가 어떤 일에 마음을 먹고 능력을 발휘하면 하지 못할 게 없음을 나타냅니다.

• • • •

굿 카르마의 조언
꿈꿀 수 있다면 할 수도 있다
(그리고 하는 것이 옳다).

THE HIGH PRIESTESS

여사제

자신의 직관에 민감하게 반응하라 · 내면의 목소리에 귀를 기울여라 ·
마음을 가라앉히고 숙고하라

여사제는 직관과 본능적 직감, 예감, 초자연적 환각에 대한 이야기를 품은 신비로운 카드입니다. 여사제는 자신의 잠재의식과 내면의 목소리에서 나오는 소중한 자아에의 인식과 통찰, 또는 아이디어와 관련이 있습니다. 우리가 하는 일은 모두 내면에서 시작되며, 이 카드는 당신이 마음의 변화나 새로운 관점에서 비롯된 인생의 전환점을 맞이하고 있음을 내비칩니다. 아무것도 하지 않아도 됩니다. 정확히 말해 지금 당장은요. 지금은 심사숙고해야 할 때죠.

여사제 카드는 당신에게 명상에 잠겨 당신의 가장 깊숙한 감정과 생각을 조정하라고 조언합니다. 마음을 가라앉히고 평온을 찾으세요. 직감을 따르고, 새로운 정보와 통찰을 받아들이세요. 혼자서 깊이 생각하는 이러한 시간 없이는 중대한 결정도, 과감한 도약도 하지 말아야 해요. 음악을 듣거나 숲을 걷든지, 가만히 불을 응시하든지, 혹은 타로를 한다거나 원석 결정을 바라보는 등 어떤 형태의 명상이나 직관적인 사색도 다 좋습니다.

당신은 아직 이 상황에서 알아야 할 전부를 알지 못하므로, 행동을 취하기에 앞서 더 많이 생각해야 합니다. 그리고 답은 자신의 본능적 느낌과 생각의 결실 내에서 찾을 수 있어요.

만약 여사제 카드가 사람을 나타낸다면, 그는 매우 영적이고 인정이 깊으며 불가사의한 사람일 것입니다. 스승이나 멘토가 될 수 있는 인물이라면 그들의 조언과 도움을 구하는 것이 좋아요. 아마 그들은 기민하고 믿을 수 있는 안내자가 되어줄 것입니다. 당신이 무언가에 곤란을 겪고 있다면, 영적 지도나 전문적인 조언을 구하는 것 또한 주의를 환기하는 방법이 될 수 있죠. 이 사람은 아마 게자리 태생일 것입니다(이 카드는 게자리를 다스리는 달의 지배를 받기 때문이죠).

• • • •

많은 타로 덱에서 여사제는 여자 교황으로 표현되거나, 때로는 고대 이집트 여사제 이시스, 그리스 여신 페르세포네, 혹은 성경 속 이브로 그려지기도 해요. 여사제 카드는 인간의 지혜를 상징하며, 타로가 바보의 여정에 해당한다면 여사제는 바보의 첫 스승입니다.

• • • •

굿 카르마의 조언

*직관은 당신이 마주하게 될
가장 정직한 친구이다.*

THE EMPRESS

여황제

YES라고 말하라 · 자연계의 마법을 찾아라 ·
당신이 좋아하는 사람, 장소, 활동에 투자하라

]

여황제는 사랑과 가족, 자연, 창조성에 대한 궁정적인 카드입니다. 그녀는 '어머니 대지'의 상징이며 자신의 날개 아래에 있는 모두를 보호하고 보살피려는 생각으로 가득하죠. 여황제는 로마 여신 비너스, 그리스 여신 데메테르(그녀의 기쁨은 봄과 여름에 생명이 충만하게 하고 그녀의 슬픔은 겨울을 부르죠)와 이어져 있어요. 여황제는 자연계와 조화를 이루며, 인생의 기본, 사소한 것들을 다시 돌아보도록 부드럽게 유도합니다.

여황제 카드는 풍요, 다산과 밀접하게 관련이 있으므로, 임신을 예견하는 것일 수도 있습니다. 또한 충만한 영감과 창의력, 새로운 우정이나 로맨스의 시작을 암시하기도 하죠. 모든 것에 생기가 돌고, 모든 것이 성장합니다.

자, 당신의 인생이 한창 꽃피고 있다면, 매 순간을 즐기고 행복을 만끽하며 가족과 친구, 사회에 그 행복을 퍼뜨리세요. 친절을 베풀어요! 이 카드는 당신의 잔이 차고 넘치니, 당신이 이 사랑과 빛, 선함을 다른 이들과 나누어 세상을 더 밝게 만들 수 있음을 나타냅니다.

하지만 당신이 소외감을 느끼거나 우울할 때에도 여황제 카드가 나올 수 있으며, 이때의 카드에는 삶의 마법을 다시 찾으라는 강력한 충고가 담겨 있죠. 이 마법은 당신이 알아차리기만 기다리고 있는 중이거든요. 자연에서 시간

을 보내거나 당신이 사랑하고 아끼는 이들을 만나고 당신에게 주어진 선물에 감사하세요. 그리고 무엇보다 중요한 건, 모든 것에 YES라고 말하는 거예요. 인생의 가능성에 문을 열고, 신선하고 새로운 에너지가 흘러들게 하세요.

여황제 카드가 사람을 나타낸다면, 가정이나 그룹에서 권위 있는 여성일 가능성이 있습니다. 또한 다정하고 비폭력적이며, 동물을 사랑하고 창의적이며 바깥 활동을 좋아하죠. 이 사람은 천칭자리이거나 황소자리 태생일 수도 있습니다(이 별자리를 다스리는 금성이 지배하는 카드이기 때문이죠).

• • • •

많은 타로 덱에서 여황제는 곡식이 익어가는 들판에 앉아 있는 이교도 여신으로 그려집니다. 그녀의 왕관에는 12개의 별이 달려 있고, 발치의 방패에는 금성 기호가 있죠. 그녀는 하늘과 땅의 딸이자, 어머니 대지이며, 풍요와 사랑, 보호의 상징입니다.

• • • •

굿 카르마의 조언
어떤 경험이든 우리를 풍요롭게 하리라.

THE EMPEROR

황제

[목적을 갖고 집중하라 · 최선의 이익을 사수하라 · 당신은 통제력을 잃지 않았다. 자신의 힘을 이용하라]

이 카드는 당신이 자신을 먼저 생각하고, 자신이 계획한 바를 우선적으로 다루며, 조금은 이기적으로 행동하고, 자신의 포부를 밀고 나아가야 할 때 나타나는 '파워 카드'입니다. 이것은 어떤 일이든 목적을 갖고 집중하면 해낼 수 있다는 약속입니다. 그저 의지와 결단력이 필요할 뿐이죠. 혹여 다른 사람의 기분을 상하게 하는 일이더라도 저지르고 어떻게든 해보라고 조언하는 카드예요(때로 우리는 다른 사람들과 경쟁하게 되고, 우리의 이익은 그들의 손해가 되기도 하죠).

황제는 이성과 논리를 중시합니다. 당신이 감정이나 기분에 이끌려서는 안 된다고 말하네요. 타당하고 논리적인 계획을 세우고 실행해 보세요. 당신의 능력으로 영향력 있는 전문가가 되어보세요. 그저 질문을 던지기보단 질문에 답하는 사람이 되어보세요. 운명에 지배되기보다 그것을 지배하는 사람이 되어야 합니다.

'내 방식대로 해, 아니면 끝이야' 식의 사고방식으로 느껴지나요? 예, 조금은 그렇죠. 그리고 어쩌면 이 카드가 나온 이유는 당신이 자율권과 자기 결정권의 끝을 넘어, 지배로 기울어지기 시작했기 때문인지도 모릅니다. 당신과 가장 가까운 사람들을 보면서, 당신이 너무 밀어붙이고 있다거나 다른 이들의 말에 충분히 귀기울이지 않는 것은 아닌지 자문해 보세요. 혹시 그랬다면, 바로잡으세요.

당신이 마음만 먹는다면 무엇이든 해낼 수 있으니, 그것을 가치 있게 만드세요. 당신의 힘으로 옳은 방향을 향해 나아가야 합니다. 선두에 서서 길잡이가 될 수 있도록 준비하세요.

황제 카드가 사람을 나타내는 경우, 그 사람은 이성적이고 기민하며, 권위와 영향력을 지닌 사람이고, 양자리일 것입니다. 어쩌면 당신이 앞으로 나아가는 데 그들이 도움을 줄 수도 있고, 혹은 당신이 그들을 롤 모델 삼아 본받으려 할 수도 있을 거예요. 우리는 함께 어울리는 사람들의 영향을 받으므로, 주변에 황제 같은 사람이 몇 명쯤 있는 것도 나쁘지 않아요.

• • • •

역사적으로 황제는 위엄 있고 위풍당당하며, 왕관을 쓰고 팔걸이 앞부분이 숫양의 머리 모양으로 장식된 왕좌에 앉은 군주의 모습으로 묘사됩니다. 그는 강하고 지적이며, 이성과 의지의 정점에 있죠.

• • • •

굿 카르마의 조언
용기를 내어 구하고자 한다면 얻으리라.

THE HIEROPHANT
대사제

자신의 신념에 의문을 가져라 · 옳은 일을 하라 ·
자신이 믿는 바를 지지하라

이 카드는 제도와 권위, 교리, 전통, 즉 우리가 일체감을 가지고 속해 있는 사회, '집단'과 체제 속에서 우리를 함께 결속시키는 규칙과 구조, 관습을 상징합니다. 카드가 묻는군요. '당신은 무엇을 믿습니까?' 그리고 이 믿음과 신념이 여전히 당신에게 제대로 도움이 되는지, 적절하고 필수적이며 '옳은지' 평가해 보라고 하죠. 우리는 보통 공동체/종교/가족의 의무가 빚어내는 관념이나 제약에 의문을 제기하지 않고 그냥 계속 유지해 나갑니다. 당신이 누구와, 혹은 무엇과 결을 같이 하는지 의식하고 긍정적으로 '더 큰 그림'을 그리는 데 기여하세요. 대의에 동참해 진보의 바퀴를 굴리는 시스템의 일부가 되어보세요.

이 카드는 당신의 신념과 사회에서 당신의 더 광범위한 '위치'에 의문을 가지라는 신호입니다. 여기가 당신이 있어야 할 곳인가요? 당신이 해야 할 일을 하고 있나요? 진실되게 살고 있습니까? 공공의 이익을 위해 일하고 있나요? 그게 아니라면, 저항하거나 방향을 바꾸고, 새로운 집단을 찾아야 하지 않을까요? 아니면 초기의 신념 혹은 새로 떠오르는 신념에 더 잘 맞는 대의나 조직적 활동, 단체에 자신을 맞춰가야죠.

만약 대사제 카드가 사람을 나타낸다면, 그들은 이 카드와 이어진 별자리인 황소자리 태생일지도 몰라요. 당신에 비해 어느 정도 권위가 있는 사람일 가능성이 높고요. 어쩌면 선생님이나 부모님, 영적 지도자, 상사, 법조계나 의료계의 기관에서 일하는 사람이거나 지역 사회의 수장일수도 있죠. 누군가(예를 들면 연인)가 당신에 대해 어떻게 생각하는지 질문했을 때 이 카드가 나온다면, 매우 관습적이고 전통적인 과정(연인의 경우, 약혼이나 결혼)을 따르게 됨을 암시합니다.

• • • •

대부분의 타로 덱에서 대사제는 3중관(triple crown)을 씁니다. 왼손에는 홀을 들고, 발치에는 십자가 모양으로 교차된 열쇠가 있으며, 그의 앞에는 두 사제가 무릎을 꿇고 있죠. 대사제는 보통 교황으로 불리며 역사적으로 종교 외면의 지배력을 대표해요(내면의 내밀한 힘을 다스리는 여사제와는 반대).

• • • •

굿 카르마의 조언
공공의 이익을 위한 일에 몰두할 때,
자신의 삶과 행복을 발견하리라.

THE LOVERS
연인

까다로운 카드인 연인 카드는 첫인상보다는 약간 모호한 메시지를 담고 있습니다. 맞아요. 이 카드는 로맨틱한 사랑과 성적인 화학 반응, 다른 사람에게 끌리게 하는 강력한 매력을 나타냅니다. 또한 당신이 누군가에게, 혹은 누군가 당신에게 반했다는 신호일 수도 있죠. 아직 혼자인 사람들에게 이 카드는 좋은 소식이에요!

하지만, 이 카드는 (특히 이미 짝이 있는 사람들에게 나타난다면) 유혹의 올가미를 상징하거나, 자신의 파트너 혹은 다른 사람을 향해 숨겨두었을지 모를 혼란스러운 감정을 보여주기도 하죠. 당혹스러움과 망설임을 나타낼 수도 있어요. 무언가가 현재의 상황을 무너뜨렸고, 그것은 보통 유혹이라든지, 약간 도덕적으로 불안정한 것이죠.

이 카드를 뽑는다면, 카드가 당신이 품고 있는 로맨틱한 매력에 대해 말하는 바를 받아들여야 합니다. 자신의 행동(혹은 의도)을 면밀히 살펴보세요. 공정하고 숨김이 없으며 친절하게 남들을 대하나요? 윤리적 측면에서 개인의 매력만큼 우리를 쉽게 엇나가게 할 수 있는 것은 없거든요. 혹 그 매력이 유혹처럼 느껴진다면 - 억제해야 합니다. 당신이 대접받고자 하는 대로 가까운 이들을 대하세요.. 이것은 중대하고 우주적인 시험입니다. 다른 사람에게 바르게 행동해야 해요.. 그리고 그러기로 결정했다면, 다른 사람을 속이거나 현혹하지 말고 자유로이 당신 자신의 갈망을 추구하세요.

연인 카드가 사람을 나타내는 경우, 그 사람은 카드와 이어진 별자리인 쌍둥이자리 태생일 가능성이 있습니다. 이것은 카드의 이중성과 분열된 감정, 불안정한 에너지를 나타냅니다. 아마도 이 사람은 새로운 애정 상대이거나 당신이 벗어나려 애썼던 사람일 거예요.

• • • •

전통적으로 연인 카드는 벌거벗은 두 사람을 보여줍니다. 남자 뒤에는 불이 붙은 나무가, 여자 뒤에는 뱀이 에워싸고 있는 과실수가 있죠. 보라색 망토를 걸친 천사(대천사 라파엘)가 그들을 관장하며, 이는 구약성경의 창세기에 나오는 장면이에요. 두 사람은 선악과나무가 있는 에덴동산의 아담과 이브입니다. 그래서 유혹과 로맨틱한 사랑, 혼란스러운 욕망이 이 카드의 오랜 주제랍니다.

• • • •

굿 카르마의 조언
대개 옳은 일은 행하기가 어렵다.

THE CHARIOT

전차

당신의 운명은 당신이 다스리는 것 · 자신의 야망에 주인의식을 가져라 ·
계속 전진하며 나아가라

전차 카드가 나온다면, 기죽지 말고 어깨를 펴세요. 당당히 서서 원하는 걸 요구하며 적극적으로 나설 때라고 우주가 말하고 있거든요. 인생은 끊임없이 변하기에 우리는 상황을 있는 그대로 유지할 수가 없죠. 그러한 움직임은 필연적이고 불가피한 것이므로 당신의 전차를 홱 끌어당겨 레이스에 뛰어드는 편이 나아요. 당신의 의사와 관계없이 당신은 인생이라는 경주의 참가자니까요. 전진하세요! 승객이 되지 말고 운전석에 앉으세요. 이 카드는 전투적인 에너지를 지니고 있는데, 이것은 공정한 보상을 받기 위해 더 강해져야 할 수도 있다는 의미예요. 당신의 자리를 개척하기 위해, 어떤 비판에도 다치거나 마음 상하지 않도록 단단히 무장을 하고 인생이라는 전장에 진입할 준비를 하세요. 행동해야 합니다. 당연히 이 일이 하고 싶으며 앞으로 나아가 밀어붙일 준비가 되었다고 느껴야 해요. 당신은 자신에 차 있고 무엇이든 할 수 있다고 믿으며, 새로운 프로젝트를 시작하고 성공을 목표로 움직일 준비가 되어 있습니다.

문자 그대로 이동이나 여행에 문제 또는 기회가 있을 때도 이 카드가 나올 수 있습니다. 청구서나 어음의 기한이 다 되어 돈을 따로 좀 모아놔야 할지도, 어쩌면 중대한 여행을 떠나려는 참인지도 모르죠. 아니면 이사를 생각해 봐야 할 때일 수도 있어요.

만약 전차 카드가 사람을 나타낸다면, 그 사람은 이 카드에 연결된 별자리인 게자리 태생일 가능성이 있습니다. 그들은 성실하고 야심차고 혁신적이고 자신감이 넘치며, 아마 인생의 사명에 따라 하루하루 발전을 위해 전념할 거예요. 어쩌면 여행자이거나 해외에서 온 사람일지도 모르고, 일종의 여행이라 볼 수 있는 탐구를 했거나 하고 있는 중일 수도 있죠.

• • • •

전통적으로 전차 카드는 완전무장을 하고 두 마리의 스핑크스가 끄는 전차를 탄 남자로 그려집니다. 오른손엔 권력의 상징인 홀을 들고 있죠. 스핑크스들은 서로 반대 방향을 바라보는데, 이는 반대 세력을 상징합니다. 남자는 고삐를 쥐지 않아요. 순전히 의지만으로 전차를 이끌죠. 그리고 이 남자가 바로 당신입니다.

• • • •

굿 카르마의 조언

성공은 행동과 통하는 것.
성공하는 사람들은 계속 나아간다.

JUSTICE

정의

당신을 모욕한 자들은 카르마에 맡겨라 · 옳은 일을 하라 ·
관대하고 친절한 사람이 되어라

이 카드는 적혀 있는 그대로 행합니다. 당신은 지금 윤리적인, 어쩌면 법적인 문제로 싸우고 있어요. 이건 스포일러인데, 그중 하나(좋은 소식)는 당신의 정당성이 입증되거나 옳음을 보여줄 수 있을 것 같다는 거죠(당신이 규칙을 준수하기만 하면). 계약이나 재정, 개인적인 문제 혹은 업무에 관련해 곧 실제로 법적 상황에 처하게 된다는 암시가 될 수도 있어요.

정의 카드는 올바르고 친절하게 행동하고, 당신에게 잘못을 저지른 사람들(혹은 당신과 대립하는 사람들)과 관련된 일반적인 속임수나 복수, 험담에 빠지지 말라고 충고합니다. 당신은 자신의 말과 행동에 대해서만 집중하고 나머지는 카르마에 따라 해결되도록 두세요. 순리대로 될 테니까요. 모든 것은 목록에 남고, 카르마는 그것을 두 번씩 확인하죠.

이 카드는 감정이 격앙된 상태에서 당신이 어떻게 불평등에 대처하여 결국 승자가 되는지 보기 위한 우주적 시험으로 볼 수 있습니다. 승리는 기쁘지만, 자비와 연민으로 축하는 적당히 조절하도록 해요. 누군가는 당신만큼 행복하거나 운이 좋지 못할 테니까요. 잊지 마세요. 절대 성공으로 자만하지 말고, 실패를 마음에 담아두지도 말아야 합니다.

정의 카드가 사람을 나타낸다면, 그는 이 카드와 연결된 별자리인 천칭자리 태생일 것입니다. 적어도 이 사람은 공정한 원칙주의자이자, 기민하고 외교에 타고난 사람이며, 인물과 골치 아픈 상황에 대한 판단력도 좋을 거예요. 아마 그들은 이것을 통해 당신을 상담해 줄 수 있는 사람, 어쩌면 당신에게 필요한 조언을 해줄 수 있는 전문가일 수도 있죠.

● ● ● ●

역사적으로 이 카드는 왼손에 천칭 저울을 들고 오른손에는 양날의 검을 쥔 채 왕좌에 앉은 여성으로 그려집니다(직관과 논리의 균형과 모든 작용에는 반작용이 있음을 나타내죠). 저울은 궁극적으로 우리가 받아 마땅한 것을 적절한 양으로 받는다는 의미를 강화합니다.

● ● ● ●

굿 카르마의 조언
*불의의 시기에는 옳은 일을 하고,
나머지는 카르마가 가려내게 하라.*

THE HERMIT

은둔자

자신의 주인이 되어라 · 스스로 진지하게 생각해 보라 ·
뒤처질 거라는 불안감은 잠시 접어두고 물러서서 심사숙고하라

이 카드는 고독의 부적입니다. 우주는 당신이 혼자만의 시간을 갖고 자급자족하면서 그 안에서 행복을 찾는 법을 배우길 바라는군요.

본질적으로 우리는 모두 혼자입니다. 좋든 싫든 우리는 우리 고유의 수단과 가치관, 에너지로 인생의 길을 찾는 단독 생명체입니다. 우리 모두는 이것을 받아들이고 익숙해져야 해요. 그 누구도 당신을 구해주거나, 당신을 위해 모든 것을 실현시키고, 매번 당신에게 다음 단계를 보여주지 않으니까요. 자신을 우선시하지도, 자신만의 '쇼'를 만들어가지도 않는다면, 당신은 결국 다른 누군가의 연극에 조연으로 남게 될 거예요!

이 카드를 뽑는다면, 세상의 시끌벅적함에서 벗어나 나와 나 자신과 나만의 시간을 보내야 해요. 왜냐구요? 그 시간 동안 상황을 돌아보고 당신의 진정한 역할과 행동 방식에 대한 통찰을 얻게 될 수도 있거든요(그리고 당신의 성격에 대한 뼈아픈 진실을 마주하게 될지도 몰라요). 이것은 고독과 집중이 필요한 유의미한 일을 해내거나 배우고 익히라는 신호이기도 합니다. 또는 정서적으로나 육체적으로 휴식과 회복이 필요하다는 뜻일 수도 있죠. 당신은 혼자여야 하고 자신 자신을, 그리고 자신의 인생을 진지하게 받아들여야 합니다. 이것 또한 당신이니까요.

은둔자 카드가 사람을 나타낸다면, 그 사람은 이 카드에 연결된 별자리인 처녀자리일 수 있습니다. 그는 당신보다 연상에 지혜와 통찰력을 주는 사람일 거예요. 당신이 스스로 정한 안식처에서 심사숙고하는 동안 그가 세상과의 연결고리가 되어줄 것입니다. 어쩌면 그는 귀하고 마음을 터놓을 수 있는 친구, 즉 당신이 털어놓아야 할 진실을 돌아보게 하는 거울 같은 것인지도 몰라요. 당신을 앞으로 이끌 준비를 마치고 모습을 드러내기만 기다리고 있는 당신의 내면, 더 현명한 버전의 당신일 것입니다.

• • • •

전통적으로 은둔자 카드는 지팡이를 짚고 길을 보기 위해 앞으로 등불을 내민 노인으로 묘사됩니다. 등불의 불빛은 앞날의 깨달음을 상징하고, 그것이 왼편을 밝힘으로써 미지의 세계를 지나 자각으로 가는 이 어둑어둑한 길이 주로 자신의 직관을 통한 것임을 알 수 있죠.

• • • •

굿 카르마의 조언
남에게 바라기보다
스스로에게 더 많이 기대하라.

THE WHEEL OF FORTUNE

운명의 수레바퀴

변치 않는 것은 오직 변화뿐이라 · '행동의 대상'이 되기보다는 '행동하는 사람'이 되어라 · 운명이 당신을 찾고 있으니, 찾는 것을 도우라

강렬하고 영향력 있는 카드인 운명의 수레바퀴는 인생에서 변하지 않는 것은 오직 변화뿐이며 어떤 것도 같지 않다는 것을 상기시킵니다. 우리는 그 진실을 믿거나 받아들이지 않거나 반발할 수 있지만 믿는 것이 더 쉽죠.

운명의 수레바퀴 카드에서는 당신을 진정한 길로 이끄는 삶과 운명, 카르마의 기운이 느껴집니다. 카드는 시대를 앞서가라고, '행동의 대상'이 되기보다는 '행동하는 사람'이 되라고 조언하는군요. 바퀴의 중심점을 정하고 직접 밀어보세요. 경험하고 싶은 변화를 알아보고 그것을 실현하기 위한 걸음을 내디뎌요. 그 기세는 거침이 없고 매우 강력해서 한번 바퀴가 돌기 시작하면 당신의 삶에 폭넓게 연쇄반응을 일으킬 것입니다. 당신은 올바른 중심점만 선택하면 됩니다. 무슨 일이 펼쳐지든지 결국엔 괜찮을 거라고 믿으세요(이게 당신의 운명이니까요). 그러니 어떻게 봐도 괜찮지 않다면, 그건 끝이 아닐 뿐이에요.

운명의 수레바퀴 카드가 사람을 나타낸다면, 그 사람은 아마 궁수자리거나 물고기자리 태생일 거예요. 이 두 별자리와 이 카드 모두 목성의 지배를 받거든요. 좋든 싫든 그는 당신의

변화에 핵심적인 역할을 합니다. 그 사람에게 조언을 구해야 할 거예요. 당신이 바꿔야 하는 부분의 근본 원인을 어떻게든 짚어주고 있는지, 혹은 당신의 변화에 도움을 줄 수 있는 사람인지 알아봐야겠죠.

• • • •

전통적으로 비전의 상징이 가득한 바퀴 자체에는 보통 연금술의 기호, 즉 황, 염, 수은, 물의 기호가 새겨져 있습니다. 이는 네 슈트(완드, 코인, 소드, 컵)를 상징하는 요소와도 비슷하죠. 각 모퉁이의 형상은 황도대의 '고정궁' 별자리 하나하나를 나타냅니다(물병자리의 물 긷는 사람, 사자자리의 사자, 전갈자리의 독수리, 황소자리의 황소). 즉 고정궁의 별자리를 통해, 변화가 고정된다는 것(계속 변화한다는 것)이 유일한 안정일 수 있음을 의미합니다. 그리고 그 진신을 받아들이면 중심을 잡는 데에 도움이 될 것입니다.

• • • •

굿 카르마의 조언

옛날 방식으로는 새로운 문을 열 수 없다.

STRENGTH

힘

[
당신의 야성을 길들여 당신을 위해 일하도록 만들어라 •
감정 근육을 이완하라 • 전쟁은 당신의 머릿속에서만 벌어진다
]

힘 카드의 감정 팔레트에는 야만적인 힘보다 훨씬 많은 색깔이 담겨 있습니다. 연민, 회복력, 용기, 지혜, 자신감, 활력 같은 것들이죠. 그리고 이 카드는 당신이 사용할 수 있도록, 필요한 색깔이 이미 준비되어 있다고 당신을 안심시킵니다. 당신은 앞에 놓인 게 무엇이든 덤벼들 준비가 되어 있어요. 자신을 믿어보세요.

앞으로 어떤 일이 벌어지든지 올바른 색깔의 힘을 내거나 참고 견뎌야 합니다. '올바른' 행동이 무엇인지 알아내고 그것을 관철하는 것은 당신에게 달려 있어요. 흔히 이 카드에는 우리가 무언가를 길들이거나 통제하려는 것처럼 억압하는 느낌이 있는데, 이는 대개 우리 자신의 내면에 있는 것입니다. 당신의 타고난 열정은 당신을 위한 것이며, 그러한 열정이 지금의 당신을 만들어내죠. 심지어 어두운 면도요. 자신을 검열하거나 이면의 것들을 외면하지 마세요. 어둠 속을 돌아다니며 당신의 악한 면과 친구가 되어 보세요. 당신의 이런 면들이 유용할 때도 있거든요. 우리 모두에게는 파괴적인 힘이 있습니다. 때로는 우리의 어두운 힘을 불러일으키고 통제하는 법을 배워야 합니다. 앞으로 나아가기 위해, 두려움에 맞서기 위해서 말이죠.

힘 카드가 사람을 나타내는 경우, 그 사람은 이 카드에 연결된 별자리인 사자자리 태생일 가능성이 있어요(보통 사자자리의 사자가 카드에 그려집니다). 이 사람은 당신의 인생에서 극적이고, 심지어 압도적인 영향력을 보일지도 모릅니다. 당신은 그가 당신에게 어떤 영향력을 행사하는지, 그리고 그것이 긍정적인 것인지 의문을 가져야겠죠. 아마 그 사람은 확고한 협력자이며, 당신이 이 상황을 헤쳐나가는 데 의지가 될 것입니다. 이쪽저쪽의 성격을 다 지닐 수도 있는데, 이건 당신이 통제해야 할 일입니다.

• • • •

많은 타로 덱에서 힘 카드는 사자의 머리를 어루만지는 여자로 묘사되며, 이는 그녀가 관심과 보살핌, 애정으로 야수를 길들였음을 암시합니다. 부정적인 감정을 극복하고 자신의 악마를 길들이며 용감하게 도전하라는 메시지를 강화한 것이죠.

• • • •

굿 카르마의 조언

당신의 악마와 내면에 자리한 어둠의 힘과 친해져라. 도움이 될 때 쓸 수 있도록.

THE HANGED WOMAN

매달린 여자

새로운 전망을 모색하라 · 행동하기보다 깨달음을 추구하라 ·
다른 각도에서 상황을 검토하라.

림보(limbo, 망각 상태 혹은 이도저도 아닌 중간 단계)는 자신을 찾기 힘들고 답답한 곳입니다. 매달린 여자 카드가 나왔다면, 지금 당신이 바로 림보에 있다는 의미입니다. 이 카드는 당신이 스스로 자초했거나(스스로 부과한 제도나 은둔처, 연구 등) 우주가 종속시킨 정체 상태에 있음을 의미해요. 둘 중 어느 쪽이든 당신은 나아가지 못하는 것처럼 보이고, 좌절과 교착 상태에 빠진 듯 느껴지며, 자신의 희생이 좋은 결과를 내지 못하고 이 상황에 갇힐까 걱정이 되죠.

이 카드는 순응하는 태도로 당분간 더 흔들리며 이 에너지가 저절로 통하게끔 하라는 메시지입니다. 마음속 깊은 곳에서는 많은 것들이 변화하고 있겠지만, 당신의 사고방식과 우선순위는 아직 미숙해서 실제로 실행할 만큼 충분히 형성되지 않았죠. 아마 당신이 자초한 희생이 바라던 결과를 아직 얻어내지 못한 상태일 테니, 계속 견뎌야 해요. 당신은 자신의 '구 버전'을 놓고 포기하는 과정에 있습니다. 새로운 전망과 야망이 곧 도래할 것입니다.

한 가지 비결이라면, 스스로를 카드 속의 매달린 여자라고 상상해 보세요. 끊임없이 변화하는 각도와 관점을 통해 이 상황을 들여다보

는 거죠. 어딘가 '아하!' 하고 외치게 되는 새로운 통찰의 순간이 있습니다. 그때 이 단계를 지나 벗어날 방법을 찾게 될지도 몰라요.

매달린 여자 카드가 사람을 나타낸다면, 그 사람은 물고기자리 태생일 가능성이 있습니다. 아마 당신이 왜 여기 갇혀 있고 이제 무엇을 해야 하는지 밝혀줄 지혜로운 현자일 거예요. 혹은 그 사람이 당신이 '고착 상태'에 빠지게 된 근본 원인일 수도 있죠.

• • • •

대개 이 카드는 나무 십자가에 매달려 세상을 거꾸로 보는 남자로 묘사됩니다. 그의 차분한 모습은 그가 스스로 매달린 것임을 암시하죠. 머리에는 깨달음을 상징하는 광배(후광)가 있습니다. 매달린 여자는 항복의 카드이며 공공의 이익을 위한 희생으로 매달린 것입니다.

• • • •

굿 카르마의 조언
미래의 자신을 위해
오늘의 자신을 희생할 준비를 하라.

DEATH

죽음

모든 끝은 새로운 시작으로 이어진다 •
당신을 둘러싼 힘에 저항하지 마라 • 침착하게 나아가라

'앗!' 이 카드에 대한 일반적인 반응입니다. 질문자는 낙담하는 표정을 짓고 긴장감이 감도는 분위기가 형성되지만, 이 카드는 '죽음을 의미하는 게 아니'랍니다. 정말 아니에요. 맹세할게요.

죽음 카드는 한 주기가 끝나고 다른 주기가 시작되는 완전한 변화가 일어나고 있음을 의미합니다. 계절의 변화만큼 자연스럽고 필연적인 과정이죠. 이는 피하거나 벗어날 수 없으니, 삶에서 무언가를 떠나보내고 다른 무언가로 대체할 준비를 해야 합니다. 그리고 자연스러운 흐름에 순응하면서 떠나는 것은 놓아주고(여기에 집착하거나 거스르지 말고) 다가올 것을 위한 자리를 마련하는 편이 좋아요(결국은 그렇게 하는 게 최선일 테니까요). 그러한 자세는 이 주기를 안전하고 빠르게 지나는 데 도움이 될 것입니다. 웃음을 잃지 않고요!

이때의 상실은 당신이 선택한 것일 수도, 인생의 다른 결정에서 파생된 것일 수도 있습니다. 예를 들면 대학을 가기 위해 집을 떠나는 선택은 친구를 몇 명 '잃고' 가족과의 시간이 줄어들게 하겠지만, 그것도 선택의 일부일 뿐이죠. 자신에게 해로운 생활 습관을 그만두거나 새로운 성 정체성을 표현하는 등의 선택도 일종의 '상실'을 야기하면서 개인적 변화, 즉 '새로운 나'라는 결과에 이르게 됩니다.

죽음 카드가 사람을 나타내는 경우, 그 사람은 이 카드와 이어진 별자리인 전갈자리 태생일 수 있습니다. 그는 당신의 인생에서 변화의 기폭제가 될 거예요. 끝맺음을 시작하게 되는 계기가 되거나, 이 시기 동안 믿을 수 있는 친구이자 버팀목이 되어줄지도 몰라요.

• • • •

역사적으로 죽음 카드에는 검은 갑옷을 입고 백마를 탄 해골인 죽음의 사자가 그려집니다. 어떤 경우에도 결국 죽음은 우리 모두를 기다리고 있고 우리의 최종적인 변화는 죽음이기에, 갑옷은 패배를 모르는 무적을 의미합니다. 죽음의 사자가 탄 말은 힘의 상징이죠. 그가 든 검은 깃발에는 정화와 불멸을 나타내는 흰색 5엽 장미와 변화를 상징하는 숫자 5가 장식되어 있습니다. 죽음은 끝이 아닌, 반복되는 부활과 변화의 일부임을 의미해요. 삶의 일부일 뿐이죠.

• • • •

굿 카르마의 조언
있는 그대로를 받아들여라.
지나간 것은 놓아라.
그리고 앞으로 다가올 일에 믿음을 가져라.

TEMPERANCE

절제

흐름에 맞서지 마라 · 새로운 '중심'을 찾아라 ·
새롭고 색다른 관점을 수용하라

절제 카드는 중용과 균형, 조화를 상징합니다. 당신에게 영향을 미치는 대립 세력이나 상반된 관점을 이해하고 다시 균형을 잡으면서 만든 '새로운 기준'을 완성하기 위해 자신의 극단을 누그러뜨리는 것을 의미하죠.

균형은 저절로 이루어지는 것이 아닙니다. 안정된 상태를 유지하기 위해 끊임없이 자신의 자리를 조정해야 하고, 절제 카드는 그럴 필요가 있음을 알려줍니다. 자신의 흐름을 회복하고 당신을 둘러싼 힘에 적응하며 흔들림 없는 침착함을 유지하세요. 그리고 안정되고 견고하게 느껴지는 새로운 '중심'을 찾으세요.

생활방식이나 행동, 의견 등 어느 측면에서든 도를 넘었다면, 카드는 고삐를 죄어 다시 중심으로 돌아가라고 충고합니다. 주변 사람들과 뜻이 잘 맞지 않나요? 절제 카드는 당신에게 그들의 관점을 수용하고 서로의 다름 사이로 '중도'를 찾기 위해 노력하라고 말합니다. 지금은 의심이나 방어가 아닌 이해와 절충이 필요할 때예요.

당신이 인생의 다음 행보를 고심하는 중이라면, 이 카드는 안전지대에서 벗어나 경험의 아웃라이어(outliers, 평균치에서 크게 벗어나 확연히 다른 표본) 쪽으로 향하라는 초대장입니다. 우리와 가장 많이 다른 사람들로부터 가장 많은 것

을 빠르게 배울 수 있죠. 다양성은 우리의 사고를 확장하고 새로운 아이디어를 더해줍니다. 자신과 자신의 가치에 충실하되, 시야를 넓혀 이 삶에 가치를 더할 방법을 찾아야 해요.

절제 카드가 사람을 가리키는 경우, 그 사람은 아마 도움이나 자극을 기대치 않았던 의외의 인물일 것입니다. 당신과 너무 대조적이라서 간과하거나 의식적으로 피했던 사람일 수도 있어요.

• • • •

많은 타로 덱에서 절제 카드에는 가슴 쪽에 정사각형으로 둘러싸인 삼각형이 달린 옷을 입고 있으며, 커다란 날개를 가진 천사가 그려집니다. 이는 지구와 자연법칙(사각형)으로 결속된 인간(삼각형)을 나타내죠. 천사는 한 발을 바위에 얹어 균형을 잡음으로써 중심을 잡아야 함을 표현하면서, 다른 발을 물에 담가 흐름에 맡겨야 함을 보여줍니다.

• • • •

굿 카르마의 조언

균형은 찾는 것이 아니라 만들어내는 것이다.

THE DEVIL

악마

악마는 죽음 카드에 이어 사람들이 움찔하고 놀라는 또 하나의 카드입니다. '안 돼. 사탄이라니!' 아니에요. 이것은 사탄이 존재를 드러내는 카드가 아닙니다. 모두 변화에 관한 거죠. 카드는 인생에 변화가 필요하다고 말하고 있으며, 이는 본질적으로 부정적인 것이 아닙니다.

악마 카드가 나온다면, 당신은 나쁜 습관, 또는 자기 파괴적 행동이나 자기 제한적 믿음을 되풀이하는 패턴에서 벗어날 절호의 기회를 얻게 됩니다. 자, 달려요! 방해가 거의 없는 잘 다져진 길 말고 오르막길을 선택하세요. 그 길이 당신을 더 나은 곳으로 인도할 테니까요. 이 카드에는 해방감과 자유의 기운이 감도는군요. 당신은 어른입니다. 완전히 자유롭게 하고 싶은 일을 할 수 있고, 그 결과에 대한 책임 역시 완전히 당신의 몫이죠. 권한 부여는… 어쩌면 조금 겁나는 일이에요. 당신의 행동과 그에 따른 영향에 책임지는 것은 다른 사람이 우러러보고 기댈 수 있는 사람이 되는 성장의 일부입니다.

악마는 삶 속에서 '거짓말'을 인정할 필요가 있음을 넌지시 알려줍니다. 사실 당신이 알면서도 벗어나지 못하는 그 거짓말은 당신에게(주변의 다른 사람들에게도) 좋을 것이 없어요. 이제 그 결박을 풀고 상위 자아가 인정하는 방식으로 행동해야 할 시간입니다.

악마 카드가 사람을 나타낸다면, 당신은 아마 둘 중 어느 쪽에도 도움이 되지 않는 관계의 마법에 걸린 상태일 것입니다. 완전히 놓아버려야 할까요? 에너지를 '재부팅'하기 위해 헤어져야 할까요? 결정은 당신 몫입니다. 당신은 완전히 자유롭고 책임도 온전히 당신이 져야 함을 잊지 마세요. 악마 카드는 염소자리를 상징하기도 해요.

• • • •

역사적으로 악마 카드는 머리 위에 역방향의 별 모양이 있는 사티로스(상반신은 남자이고 하반신은 염소인 숲의 신)로 묘사됩니다. 이것은 세속적 욕망의 부정적 측면, 즉 쾌락만을 추구하는 삶의 결과를 나타내죠. 보통 불타는 횃불이 그려지는데, 이는 인간의 파괴력을 상징합니다. 전통적으로 이 카드는 향락주의와 무모한 삶에 대한 경고를 담고 있어요.

• • • •

굿카르마의 조언
*역사는 우리가 실수를 통해 깨우치고
방향을 바꿀 때까지 되풀이된다.*

THE TOWER

탑

충돌에 대비하라 • 도전의 가능성을 보라 •
일어나는 모든 일에는 나름의 이유가 있음을 믿어라

많은 사람들이 이 카드를 뽑으면 파르르 떨어요. 아무래도 탑 카드가 타로 덱에서 악당처럼 여겨지는 데다, 무언가 극적이고 예상치 못한, 심지어 파괴적이기까지 한 일이 일어날 것임을 의미하기 때문입니다. 그건 나쁜 소식이에요, 그렇죠? 아직 달아나지 않았나요? 좋아요. 이제 최악의 상황은 끝났거든요.

탑 카드는 우주의 '쇳덩이'가 당신의 세상을 휘둘러 쳐서 금방이라도 무너질 듯 위태로운 무언가를 쓰러뜨릴 거라고 넌지시 알려줍니다. 마치 눈에 낀 뿌연 막이 걷히고 당신이 믿고 있던 것과 실제가 다름을 이해하는 '비포 vs 애프터'의 상황과 비슷해요. 당신은 삶을 이어가지만, 이제 현실에 대한 새로운 관점과 이해력을 가지고 있습니다. 뜻밖의 중요한 사실을 새로 알게 될 수도 있고, 사건이나 급작스러운 상황 변화가 생길 수도 있지만, 그게 무엇이든 당신을 앞으로 나아가고 적응하게 만들 것입니다. 이 힘에 저항하는 건 아무런 의미가 없어요. 이것은 인생에서 희미해져 가거나 그릇되고 부정적인 에너지를 제거해 더욱 단단한 토대 위에 고쳐 지을 수 있도록 기여하죠.

재미있는 일이에요. 아마 나중에 이 상황을 돌이켜 보며 시간이 많이 흘렀음을 깨닫게 될 거예요. 게다가 그런 일이 일어난 걸 다행으로

여기면서 기뻐하죠. 단지 우리 모두는 변화를, 특히 우리가 어쩔 수 없이 받아들여야 하는 변화를 두려워하기에 이 카드를 그렇게 무서워하는 것뿐입니다. 하지만 변화는 새로운 에너지와 기회를 제공하므로 지금은 잃어버린 것보다 성취할 수 있는 것에 집중하세요.

만약 탑 카드가 사람을 나타낸다면, 그 사람은 양자리 또는 전갈자리 태생일 가능성이 있습니다(두 별자리 모두 이 카드에 영향력을 보이는 행성인 화성의 지배를 받죠). 그는 당신의 인생에서 변화의 기폭제가 될 수도 있고, 당신이 변화를 겪는 동안 힘을 주는 친구가 될 수도 있어요.

• • • •

전통적으로 탑 카드는 산 정상의 높은 첨탑으로 그려집니다. 탑 꼭대기에 번개가 내리쳐 탑에 있던 사람들은 아래의 심연으로 추락하죠. 이는 급진적인 변화가 시작됨을 뜻해요.

• • • •

굿 카르마의 조언

진보는 우연이 아닌 변화에 의해 일어난다.

THE STAR

별

[
당신이 품을 수 있는 최상의 희망을 따르라 ·
영감을 재발견하라 · 꿈은 크게 가져라
]

별 카드는 타로 덱에서 긍정적이고 기쁨을 주는 카드 중 하나입니다. 소원이 이루어지기 시작하고 마음속 염원을 성취할 수 있음을 의미하기 때문이죠. 목표를 높게 세울수록 결과도 더 좋습니다. 큰 꿈을 꾸세요. 누구나 듣고 싶은 말 아닌가요?

별 카드를 뽑았다면 자신의 진심 어린 염원에 시간을 쏟으며 새롭게 드러나는 야망이나 목표에 집중하는 게 좋습니다. 당신의 은밀한 소망을 드러내고 인정하세요. 우주가 당신 주변으로 이동하고 있으니, 이제 당신의 인생에서 새로운 의미나 영감, 목적을 찾아야 합니다. 당신이 가능할 거라 생각했던 것보다 더 멀리, 더 빠르게 나아가게 하려고 별들도 당신 뒤에, 그리고 주변에 나란히 늘어서 있지만 목적이 있어야 해요. 그렇지 않으면 길은 구체화되지 않는답니다. 자신을 믿고, 자신의 소망을 믿으세요. 최악의 두려움이 아닌 최상의 희망을 따라야 합니다. 자신이 바라는 바를 공공연하게 표현하고 자신의 삶 속으로 끌어들이고 싶은 것을 분명히 하기 위해 그 방향으로 한걸음 내디디세요. 이 카드는 우주가 당신에게 꿈을 꾸고 그것을 실현하도록 허가해 주는 것과 같아요.

별 카드가 사람을 나타내는 경우, 그 사람은 이 카드로 대표되는 별자리인 물병자리 태생일 가능성이 높습니다(많은 타로 덱의 별 카드도 물병자리의 상징인 물을 긷는 사람을 보여주죠). 이 사람은 당신이 품은 은밀한 소망의 대상일 수도 있고, 이 소망을 실현할 기회를 제공해 줄 도우미나 지지자일 수도 있어요. 그는 당신에게 긍정적인 영향을 줄 사람입니다.

• • • •

많은 타로 덱에서 별 카드는 웅덩이의 가장자리에서 무릎을 꿇고 있는 벌거벗은 여자로 그려집니다. 그녀는 물통 두 개를 들고 있으며, 물을 부어 대지에 영양분을 주고 새 생명의 기운을 돋우죠. 여자가 땅에 디딘 한 발은 그녀가 실용주의를 기반으로 함을 나타내고, 물에 디딘 다른 발은 그녀의 직관을 보여줍니다. 그리고 하늘 위에 반짝이는 별은 가장 중요한 본질과 야망을 상징하죠.

• • • •

굿카르마의 조언
불가능을 가능으로,
꿈은 실현 가능한 계획으로 바꿔라.

THE MOON

달

잠재의식에 귀 기울여라 · 받아들이고 기다리며 무슨 일이 일어나는지 보라 · 실로 우리가 두려워해야 할 것은 두려움 그 자체뿐이다

인생에는 완전히 파악하거나 이해할 수 없는 뭔가가 있으며, 당신은 알아야 하는 게 무엇인지 아직 모르기에 인내심을 갖고 더 많은 정보를 기다려야 합니다. 행동하지 말고 기다려요.

달은 비밀과 환상을 상징하는 신비롭고 수동적인 카드입니다. 이것은 미지의 것에 대한 두려움, 즉 세상 전체에 대한 내적 불안의 투영을 나타내죠. 우리 모두를 잠에서 깨우고 조바심치며 아침이 오는 것을 두려워하게 만들지만, 정신이 맑을 때 보면 별것도 아닌, 새벽 4시의 '불안과 초조'. 어쩌면 이 모든 것이 근거 없는 가상이겠죠. 그중 일말의 진실을 바탕으로 한 것이 있을지도 모르고요. 인내심을 갖고 기다려 봐야 할 것 같아요.

당신은 과거의 경험이나 트라우마를 잣대로 삼거나 앞으로 일어날 일을 예측하는 데 쓰고 있는지도 모릅니다. '마음의 앙금'을 살펴 과거의 두려움을 미래에까지 투영하고 있지는 않은지 확인해 보세요. 부정적인 혼잣말을 멈추고 행동하거나 결정하려는 노력도 놓아둔 채 그냥 긴장을 풀어봐요. 당신의 직관과 잠재의식은 생각보다 더 많은 것을 이해하고 있습니다. 실제로 무슨 일이 일어나는지 직관과 잠재의식을 통해 알아보기 위해서는 약간의 여유와 안정이 필요하죠. 당신의 꿈에 집중하세요. 내면의 목소리에 귀 기울여요.

달 카드가 사람을 상징하는 경우, 그 사람의 별자리는 달이 지배하는 별자리인 게자리일 수도, 역시 이 카드와 연결된 초자연적 별자리인 물고기자리일 수도 있습니다. 아마 그는 당신의 세상에서 혼란이나 걱정을 일으키는 비밀 혹은 감춰진 불안을 자극하거나 연결고리가 되는 사람일 거예요. 이해하고자 노력해 보세요. 직감을 발휘해요. 주의해서 지켜보며 이 사람의 말에 귀 기울여보세요.

• • • •

대개 달 카드에는 두 개의 높은 탑 사이, 하늘에 뜬 보름달이 그려집니다. 탑 앞에는 직관적인 생각과 무의식을 의미하는 작은 연못이 있죠. 그곳에서 기어 나오는 가재는 직감을 인식하는 초보적인 단계를 상징해요. 그리고 달을 향해 울부짖는 개와 늑대는 우리 존재의 길들여진 면과 길들지 않은 면, 모두를 나타냅니다.

• • • •

굿 카르마의 조언
마음을 고요히 하면,
두려움에 대한 직관이 들리리라.

THE SUN

태양

[
당신의 인생길이 환히 빛나고 있다 · 자신을 갖고 대담하게 행동하라 ·
순간을 즐기며 당신의 모든 재능을 누려라
]

태양 카드는 긍정적이고 축복받은 카드 중 하나입니다. 이 카드가 나온다면 마음껏 샴페인을 터뜨리며 축배를 드세요. 이것은 성공과 기쁨, 힘, 번영, 성취, 그 모든 것이 당신에게 다가옴을 의미해요.

태양 카드에 담긴 의미는 전부 내면의 힘을 인식하고 활용하며, 당신 고유의 천부적인 강점과 특성이 눈부시게 반짝이도록 하는 것에 대한 거예요. 세상 속에 자리를 잡고 타고난 재능으로 다른 사람들을 위해 일하며 삶에 기쁨을 가져오는 것을 뜻하죠. 당신이 쌓은 모든 선한 업보가 많은 가능성과 초대, YES라고 승낙할 기회 등으로 당신에게 돌아오는 것입니다. 인생은 달콤해요. 모든 것을 만끽하고 매 순간을 즐기며 현재를 살아가세요. 태양은 열정적인 긍정 에너지와 활력을 동반합니다. 당신은 좋은 느낌으로 고동치고 있고, 당신이 가까이하고 싶어 하는 그런 사람이 되었어요. 개인적 성공과 성취의 요소이지만, 주변 사람들에게 기여하고 봉사한, 즉 그들의 삶을 향상시킨 결과물이기도 하죠. 그 보상을 나누고 당신이 느끼는 행복을 퍼뜨리는 데 집중하세요.

또한 태양 카드는 즐거운 시간을 보내거나 새로운 기회(또는 사랑)를 만나고 '최고의 인생'을 살게 될지 모를 외국이나 햇볕이 따사로운 지방, 아름다운 곳으로의 여행을 암시하기도 합니다.

만약 태양 카드가 사람을 나타낸다면, 그는 태양이 지배하는 별자리인 사자자리 태생일 가능성이 높습니다. 이 사람은 존재감이 있고 용기를 주며 따뜻하고 사랑스러운 사람일 거예요. 당신에게 기쁨을 주는 사람이죠.

●●●●

많은 타로 덱에서 이 카드에는 빛과 온기의 근원, 세상의 생명을 상징하는 태양이 빛나고 있습니다. 그리고 아래에는 벽돌담 너머로 해바라기가 자라고 있는데, 이 꽃은 피어나는 생기와 활력을 나타내죠. 맨 앞에는 어린아이가 평온한 백마 위에 앉아 있어요. 아이는 어린 시절의 천진함과 순수함을 지니며, 당신이 긍정적인 결말에 이르기 위해 고유의 재능을 발휘해 당신에게 꼭 맞는 자리를 찾아가는 모습을 의미합니다.

●●●●

굿 카르마의 조언
당신의 힘은 당신 존재에 있다.

JUDGEMENT

심판

자신이 누구인지, 무엇을 바라는지 스스로에게 솔직해져라 •
새로운 장이 시작된다 • 자신의 '상위 자아'를 만나고 그를 따르라

제가 제일 아끼는 카드예요! 이 카드는 우주의 '각성 신호'로써, 당신이 과거에 있었던 일을 인정하고 해결하며 대가를 치른 뒤, 페이지를 넘겨 더 노련하고 현명하게 인생의 '두 번째 기회'에 감사하면서 새 장을 쓸 준비를 돕기 위한 거죠. 우리는 새로운 계획과 전망, 우선순위로 넘어가기 전에 과거를 해결하고 구분해야 할 시점에 수차례 이르곤 합니다. 경험은 그 상처까지도 우리를 더 현명하게 만들죠. 그러니 바로 여기까지 우리를 이끌어 온 어려움과 삶의 교훈에 고마워해야 합니다.

우리의 삶에서 지나온 길을 반성하고 다음 단계를 위한 결심을 하도록 권장하는 의식은 그리 많지 않아요(새해 전야 외에는). 심판 카드가 나왔다는 건, 딱 그렇게 해야 한다는 뜻이죠. 자신을 똑바로 직시하면서 무엇이 보이는지, 자신이 어떤 사람인지, 무슨 일을 해왔고 무엇을 바라는지 이성적으로 솔직하게 생각해 보세요. 자신을 남들과 비교하지 말고, 결점에 대해 얼버무리지도, 강점을 깎아내리지도 말아야 해요. 당신의 개성과 재능을 인정하고 빠르게 나아가 이 세상에서 제자리를 찾아야 할 시간입니다.

이것은 인생의 핵심이 되는 단계인 영적 각성입니다. 이 단계에서 인생을 바꿀 만한 결정을 하게 될 가능성이 있어요. 당신은 공공의 이익을 위해 봉사하는 길을 따르라는 '상위 자아'의 부름을 받게 될 거예요. 당신은 우주에서 정당한 위치를 차지하고 있습니다.

심판 카드가 사람을 나타내는 경우, 그 사람은 전갈자리 태생일 가능성이 있습니다. 이 별자리의 사람들과 심판 카드 모두 명왕성(끝과 시작을 관장)의 지배하에 있거든요. 어쩌면 그는 당신이 두고 떠나는 처지를 의미할 수도 있고, 당신의 미래일 수도 있죠. 혹은 당신의 인생에서 검토와 회복을 위한 기폭제가 될지도 모릅니다.

• • • •

역사적으로 심판 카드는 신의 사자인 대천사 가브리엘이 트럼펫을 불고 있는 하늘을 무덤에서 일어나 올려다보는 사람들을 보여줍니다. 사람들은 천국에서 자기들을 받아들여 줄지 알고 싶어서 그가 말하길 기다리고 있어요.

• • • •

굿 카르마의 조언
너무 일찍 나이 들지 않도록,
너무 늦게 깨닫지 않도록 경계하라.

THE WORLD

세계

[잠시 시간을 가져라 • 성공을 기념하라 •
이 여정에서 삶의 교훈을 찾아 흡수하라]

이것은 메이저 아르카나의 마지막 카드이자 바보 카드로 시작된 장대한 여정의 끝입니다. 야망이 실현되고 원정은 끝났습니다. 당신은 성공했고 특별하고 중요한 유의미한 것을 이루었으니, 이 순간을 기념하고 만끽하세요.

세계 카드는 당신이 성취와 완성을 경험하고 있음을 의미합니다. 졸업이나 약혼, 승진, 이사 완료, 아이의 탄생, 또는 소중한 목표를 달성하는 것처럼요. 당신이 해냈어요! 이 성공을 받아들이고 축배를 드세요. 당신은 자부심을 느낄 자격이 있고 스스로에게 보상을 주고 이 일에 대해 인정받을 자격도 있답니다.

모든 끝이 그렇듯이 곧 또 다른 시작, 즉 새로운 원정 또는 모험에 뛰어들 기회가 찾아올 것입니다. 하지만 '지금'은 때가 '아니'에요. 세계 카드는 지금까지의 여정을 돌이켜 보고 성취한 것을 중히 여기며 이 단계에서 배울 수 있는 삶의 모든 교훈을 이해하라고 하는군요. 머지않아 성장 주기를 재시작하고 새로운 여정을 떠날 준비가 될 것입니다. 하지만 이야기를 진행하고 해피엔딩을 한껏 만끽하기 위해서는 '타임아웃'이 꼭 필요해요.

만약 세계 카드가 가리키는 게 사람이라면, 그는 염소자리 태생일 수 있습니다. 이 별자리의 사람들과 세계 카드 모두 토성의 지배하에 있거든요. 어쩌면 이 사람은 평생을 함께할 연인이거나, 믿음직한 사업 파트너, 영원한 친구일 거예요. 만남 속에서 운명적인 느낌과 인연이 생길 것입니다. 그 사람은 당신이 최고의 능력을 발휘할 수 있게 해줘요.

• • • •

전통적으로 세계 카드에는 자주색 천을 두르고 동그란 고리(완성과 새로운 시작의 주기를 상징) 안에서 춤을 추는 벌거벗은 여자가 묘사됩니다. 그녀는 앞으로 나아가면서 동시에 뒤를 돌아보고 있습니다. 손에는 마법사의 지팡이 같은 봉을 두 개 들고 있는데, 이는 그녀가 드러내 보인 야망을 보여주죠. 여자의 주변에는 운명의 수레바퀴 카드에 있는 것과 비슷한 네 형상(사자, 황소, 천사, 독수리)이 있어요. 이 형상들은 변화의 단계를 안내하면서 예측불허의 상황이 생기더라도 안정을 느끼고 흔들리지 않도록 당신을 도와줍니다.

• • • •

굿 카르마의 조언

그들은 먼저 왜 그랬냐고 물을 테죠. 그런 다음 어떻게 그럴 수 있었냐고 할 거예요.

THE
MINOR ARCANA
마이너 아르카나

타로 덱에는 56장의 마이너 아르카나 카드가 있고, 이 카드는 컵, 소드, 완드, 코인(흔히 펜타클로도 불림) 네 개의 슈트로 나뉩니다. 각 슈트는 보통의 카드 덱처럼 1부터 10까지 번호가 붙은 카드와 페이지, 나이트, 퀸, 킹의 코트카드(궁정카드) 네 장으로 구성됩니다.

    마이너 아르카나는 우리가 통제할 수 있고 영향력을 행사할 수 있는 일상적인 사건과 기회, 도전과 관련이 있습니다(반면에 메이저 아르카나는 우주로부터 오는 메시지나 보이지 않는 힘을 밝히는 '파워 카드' 같은 거죠). 이처럼, 마이너 아르카나 카드는 좀 더 세밀하고 구체적인 의미를 지닙니다. 각각의 슈트가 연결된 점성학적 요소는 다음과 같아요.

컵 — 물

완드 — 불

소드 — 공기

코인 — 흙

이는 마이너 아르카나 슈트가 관련된 삶의 영역을 폭넓게 반영합니다. 컵은 당신의 기분과 감정, 그리고 그에 따라 인간관계와 관련이 있죠(이런 카드는 '연인' 카드로 간주됩니다). 완드는 에너지와 영감에 관한 것이며, 당신의 역할과 프로젝트, 창조적 노력, 그리고 당신의 재능과 에너지가 미치는 부분을 포함하고 있어요. 소드는 당신의 지적 능력과 관련되어 있으므로, 삶에 대한 당신의 생각이나 믿음, 태도를 포함합니다. 소드 슈트의 카드는 종종 당신이 다른 사람이나 자기 자신과 심적으로 갈등하는 상황을 묘사해요. 그리고 코인은 돈, 집, 직장, 건강 같은 물질세계에 대해 담고 있습니다(그래서 '돈' 카드죠).

    타로를 익힐 때는 한 번에 한 슈트씩 집중하는 게 좋습니다. 가능하면 당신을 위한 커닝 페이퍼에 카드의 의미를 쓰거나(혹은 그리거나) 코트카드의 인물과 어울리는 지인(또는 유명인)과 연결해 보면서 말이에요.

    다음 페이지부터는, 메이저 아르카나와 마찬가지로, 각 카드의 핵심적인 의미와 카드가 나타낼 수 있는 별자리나 원소와의 연결고리를 소개합니다. 또한 각 카드에 담긴 지혜의 '정수'에 해당하는 굿 카르마의 조언도 담았습니다.

Ace of Cups
컵 에이스

사랑이 찾아온다 · 내면에서 기쁨과 온정,
행복을 발산하라 · 자신이 지닌 창조의
힘을 넘쳐흐르게 하라

에이스 카드는 새로운 시작을 의미해요. 그중에서 컵 에이스는 연애 전선에 꽃이 피거나 창조적 능력이 펼쳐지는 것에 관해 이야기합니다. 중요한 건, 이 모든 과정이 당신의 내면에서 자기애와 믿음에 의해 촉발되며 시작된다는 것이죠.

삶 자체에 다시금 감사하는 마음이 들 만한 일이 시작되기를(혹은 다시 불붙기를) 기대하세요. 모두에 대한 선의가 넘쳐나고 있습니다. 당신은 자신이 가까이하고 싶어 하던 사람이 되었고, 우주는 새로운 가능성으로 응답하고 있죠. 당신은 마치 우주의 거대 발광체와 같아서 당신의 '켜진' 불빛이 밝게 신호를 보내는군요!

지금은 영혼의 단짝을 만나게 된다든지, 현재의 관계를 한 단계 발전시키게 된다든지, 또는 영감의 유의미한 신호를 받게 될지도 모르는 매우 적절한 때입니다. 어쩌면 깊이 있고 영원히 지속될 우정을 찾게 될 수도 있죠. 혹은 창의적인 프로젝트를 시작하기 직전이라든지, 출산을 앞둔 상태일 수도 있고요. 뭔가 옵니다. 뭔가 좋은 일이요.

만약 컵 에이스가 사람을 가리킨다면, 그 사람은 물고기자리나 전갈자리, 게자리 같은 물의 별자리 태생일 거예요. 그는 당신과 함께 성취감을 느끼게 될 연애 상대나 친구, 창의적인 파트너입니다. 당신이 자신을 사랑할 수 없다면 다른 사람들도 마찬가지라는 점을 잊지 마세요. 이 또한 약간의 자극이 될 수 있어요.

• • • •

이 카드는 전통적으로 다섯 개의 물줄기(오감과 직관을 상징)가 구름(커지는 영적 자각을 나타냄)에서 쏟아져 흘러넘치는 컵(무의식을 나타냄)을 보여줍니다. 성스러운 사랑의 상징인 비둘기는 컵 쪽으로 내려갑니다.

• • • •

굿 카르마의 조언
당신이 가까이하고 싶은 사람이 되어라.

Two of Cups
컵 2

당신은 이 사람을 믿을 수 있다 •
중요한 관계에 투자하라 • 사랑

컵 에이스가 누군가 또는 무언가가 온다는 뜻이라면, 컵 2 카드는 그들이 여기 있다는 의미입니다. 이 카드가 나오는 경우, 당신은 아마 사랑에 빠져 있거나, 당신을 이해하는 사람과의 강력한 상생 관계에 있을 것입니다. 인생은 함께할 때 더 좋죠.

컵 2는 연인, 친구, 사업 파트너와의 유대감이 끈끈해지는 것을 상징합니다. '서로 눈을 맞추듯' 생각이 일치하고 진행 속도도 좋습니다. 연인 관계의 경우, 성적인 끌림으로 쿵쿵거리고 모든 것이 순조롭게 진행됩니다(프로포즈의 가능성이 암시되기도 해요). 카드가 사업 파트너의 관계를 가리킨다면, 같은 목표에 집중하고 우선순위와 가치가 일치함을 의미하죠. 이 사람은 믿어도 됩니다. 그는 당신 편이니까요.

어떤 관계를 시사하는 것이든, 두 사람이 같은 비전을 공유하고 서로 지지해 주기만 하면 성공할 가능성이 높습니다.

컵 2 카드가 사람을 가리키는 경우, 그는 물고기자리나 전갈자리, 게자리 같은 물의 별자리 태생일 거예요. 그 사람은 당신이 그토록 멋진 시간을 함께하고 있는 바로 그 연애 상대나 친구, 동료죠.

• • • •

많은 타로 덱에서 컵 2는 컵을 맞바꾸며 사랑을 맹세하는 커플의 모습을 보여줍니다. 두 사람의 머리 위로 떠 있는 헤르메스의 날개 달린 지팡이를 뱀 두 마리가 감고 있죠. 이 지팡이는 교환의 상징이며, 사자 머리 장식은 열정과 성적인 끌림을 나타냅니다.

• • • •

굿 카르마의 조언
필요한 건, 당신을 완전하게 만들어줄 사람이 아니라 당신을 완전하게 받아들여 줄 사람이다.

Three of Cups
컵 3

인복이 넘치는 당신 · 삶은 경이로워라 ·
당신을 둘러싼 세상에 감사하고
축배를 들라

타로의 '파티 카드'라고 할 수 있는 컵 3 카드는 사랑하고 아끼는 사람들과 함께 좋은 시간과 성공을 기념하라고 권합니다. 우주가 당신에게 '통행 허가증(Hall Pass)'을 주고 있잖아요. 이 기회를 허비하면 안 돼요!

카드는, 인생은 짧고 세상은 넓고 경이로우며 여기 있으면서 즐기지 않는 것은 어리석은 짓이라고 일깨워 줍니다. 볼 것도 많고 할 것도 많죠. 우리는 사람들과의 교제를, 우정을, 가족 간의 유대감을 만끽해야 해요. 인생의 모든 기분 좋은 떨림과 소중한 사람들, 지금껏 느껴왔고 앞으로도 느끼게 될 재미와 행복에 감사하는 시간을 가지세요. 웃어요, 스마일.

지금 삶 속에서 기쁨을 찾기 위해 분투하고 있다면, 이 카드는 친구들에게 도움을 구하고 비록 작은 것일지라도 당신을 기운 나게 하는 무언가를 찾으라는 메시지입니다.

컵 3 카드가 사람을 가리키는 경우, 그는 물고기자리, 전갈자리, 게자리 같은 물의 별자리 태생일 가능성이 있죠. 그 사람은 당신에게 평생의 친구이자 새로운 단짝, 어쩌면 곧 당신에게 큰 호의를 베풀 사람이 될 것입니다.

• • • •

역사적으로 컵 3 카드에는 젊은 여자 셋이 춤을 추며 신을 위해 축배를 드는 모습이 묘사됩니다. 세 사람은 유대감과 우애로 맺어져 있고, 서로를 높이 평가하고 있죠. 바닥에 흩뿌려진 꽃과 과일은 당신이 보답을 받고 삶의 선한 본질을 찬미하는 것을 나타냅니다.

• • • •

굿 카르마의 조언
*삶은 살아야 할 뿐만 아니라
찬미해야 한다.*

Four of Cups
컵 4

> 과도한 집착을 버려라 ·
> 가진 것에 감사하라 · 자신을 제어할 수
> 없다면, 혹은 제어하지 않겠다면
> 다른 이를 돕는 것에 집중하라

무관심과 권태, 삶이 '시시하고 무덤덤하게 느껴지는 기분(meh)', 이 카드에서 풍기는 분위기입니다. 이 카드를 뽑는다면, 아마 지금 약간 기분이 언짢은 상태일 거예요. 왜 쉽게 즐기지 못하나요?

이 카드는 당신에게 부족한 것 때문에 삐치거나 투덜거리고 타인을 평가하거나 집착하지 말고, 정신 차리고 일어나서 변화를 주거나 해결하려고 노력하라고 말하죠. 당신은 자신이 생각하는 것보다 훨씬 괜찮은 사람입니다. 어째서인지 당신이 지닌 그 멋진 재능들을 다 잊어버린 것 같아요. 자신이 어떤 사람인지 다시 생각해 보세요. 긍정적인 면에 초점을 맞춰서요. 자세도 고쳐 잡고요. 지금 당신이 자신을 제일 괴롭히고 있잖아요. 이런 숨 막힐 듯한 상황에서 벗어나려면(이러고 있는 게 정말 싫을 테니까요) 가끔은 타인을 돕거나 다른 사람에게 집중하고, 무언가 자신보다 더 큰 것(어쩌면 사회나 공동체?)에 참여하면서 관심을 다른 곳으로 돌리는 것도 좋아요. 그러면 당신의 매력을 되찾게 될 거예요!

컵 4 카드가 사람을 가리키는 경우, 그는 물고기자리, 전갈자리, 게자리 같은 물의 별자리 태생일 가능성이 높습니다. 어쩌면 그 사람이 당신의 기운을 빼고 있는지도 몰라요.

· · · ·

많은 덱에서 컵 4 카드는 깊은 생각에 잠겨 앉아 있는 젊은이를 보여줍니다. 그는 너무 깊이 생각하느라, 팔을 뻗어 자신에게 컵을 주는 손과 발치에 있는 컵 세 개를 무시하죠. 카드는 이 젊은이가 앞을 내다보지 못해 무엇을 받을 수 있는지 놓치고 있음을 의미합니다.

· · · ·

굿 카르마의 조언
*중요한 건, 당신이 가진 것으로
무엇을 하는가이다.*

Five of Cups
컵 5

이 또한 지나가리라 · 과거에 연연하지
말고 미래를 향해 시선을 돌려라 ·
당신은 더 나은 대접을 받아야 하고,
더 나은 대접을 받게 될 것이다

컵 5 카드는 슬픔과 상실, 후회에 대한 카드입니다. 당신이 누군가 혹은 무언가가 떠났음을 슬퍼하고 있다고 알려주는군요. 현실을 부정할 수는 없죠. 빈자리가 '생겼습니다.' 우리 모두에게 생기는 일이에요.

이 카드는 당신이 슬픔으로부터 나아가려 하고 있거나, 나아가는 중이거나, 나아갈 준비가 되었을 거라고 말합니다. 어떤 단계에 있든지, 당신이 과거를 돌아본다면 그쪽으로 향하게 될 거라는 점을 잊지 마세요. 다시 초점을 맞춰야 합니다. 당신은 더 나은 대접을 받아야 하고, 앞으로 더 나은 대접을 받게 될 거예요. 상처를 덧나게 하지 말고 아물 수 있게 돼야 합니다.

슬픔, 분노, 죄책감, 수치심 같은 그런 감정들은 '끈적끈적'해서 당신에게 붙어 있으려고 하기에, 현재의 상태가 고통스럽고 계속될 것만 같고 당신이 했던 일이 잊히지 않는 거예요.

컵 5 카드가 사람을 상징하는 경우, 그는 물고기자리, 전갈자리, 게자리 같은 물의 별자리 태생일 것입니다. 이 사람은 당신의 과거를 상기시키는 '메아리' 같은 존재일 가능성이 높습니다. 어쩌면 전 연인이나 친구, 또는 죽거나 떠난 누군가겠죠.

• • • •

전통적으로 컵 5 카드에는 쏟아진 컵 세 개(후회를 상징)를 내려다보는 망토 입은 남자가 그려집니다. 남자의 뒤에는 새로운 기회에 해당하는 컵 두 개가 있지만, 그는 자신이 잃어버린 것에 몰두한 나머지 그것을 알아차리지 못하고 있어요.

• • • •

굿 카르마의 조언
과거에 연연하다 보면,
오늘을 살 수 없게 된다.

Six of Cups
컵 6

옛 감정이 다시 살아난다 • 향수를
불러일으키는 건전한 즐거움에 투자하라 •
어린 시절의 자신과 조우하라

컵 6 카드를 둘러싸고 마법이 소용돌이칩니다.
이는 당신이 향수를 즐기고 어린 시절의 자신
과 조우하도록 부추기는 장난스럽고 애정 어린
기운이죠.

이 카드는 그리운 옛날을 되짚어 보라는 우
주의 초대장일 수 있습니다. 어쩌면 과거의 무
언가 또는 누군가가 당신의 현재나 미래에 남
을 만한 가치가 있는 건지도 모르죠. 한때 크게
애정을 쏟던 사람들이나 장소, 활동, 흠뻑 빠지
곤 했던 건전한 즐거움을 돌아보세요. 즉각적
인 효과를 위해 그중 하나를 지금 당신의 세상
에서 되살려 보세요.

다른 사람들에 비해 어린 시절에 더 강한 유
대감을 지니는 사람도 있긴 하지만, 그게 아니
더라도 그 유대는 절대 완전히 끊어지지 않습
니다(심지어 고통스러운 기억이 있대도 말이죠). 이 카
드는 더 어린 시절의 자신을 돌아보고 그때 뭘
잘하고 즐겼으며, 뭘 손쉽게 하고 어떤 사람이
되고 싶었는지 살펴보라는 은근한 권유입니다.
거기에 지금의 당신에게 도움이 되는 지혜와 가
능성이 있거든요.

만약 컵 6 카드가 사람을 가리킨다면, 그는
물고기자리, 전갈자리, 게자리 같은 물의 별자
리 태생일 가능성이 높습니다. 이 사람은 당신
이 아주 많이 사랑하거나 존경하던 사람이며,
가능한 한 빨리 그와 다시 연락할 방법을 찾는
게 좋아요.

• • • •

컵 6 카드에는 일반적으로 하얀 꽃이 가득한 여
섯 개의 컵이 묘사됩니다. 한 아이가 다른 아이
에게 컵 하나를 건네는데, 이는 전통의 계승과
기쁜 재회를 상징하죠.

• • • •

굿 카르마의 조언
가끔은 추억이 될 때까지
그 진정한 가치를 깨닫지 못한다.

Seven of Cups
컵 7

꿈에서 깨어나라 • 현실성 있고 긍정적인
목표를 위해 상상력을 발휘하라 •
환상과 마술적 사고에 잡아먹히지 마라

우리 모두에게는 내면세계가 있고, 그곳에 틀어박혀 공상에 빠지죠. 공상은 즐거움이 되기도 하고, 아이디어와 통찰력을 활성화하기 위해 필요한 여정이 되기도 합니다. 그리고 가끔은 우리가 직면해야 하는 현실과 상황을 피하려고 뛰어드는 '모래 수렁(quicksand)'일 때도 있죠.

카드는, 상상력을 지혜롭게 활용하고 환상, 허황된 꿈이나 당신을 집어삼키려 하는 마술적 사고, 특히 현실에서 필수적이고 중요한 것들에 집중할 수 없도록 방해하는 것들을 알아볼 수 있어야 한다고 말합니다. 우리는 착각에 빠지거나 변명 거리를 찾고 현실을 부정하려고 하기도 해요. 하지만 우리의 상상력을 더 나은 상황과 미래를 시각화하는 데 사용할 수도 있고, 이때의 상상력은 우리가 행동을 취할 수 있는 힘을 주죠. 지금 바로 후자가 되어야 해요. 진실을 이해하고, 그것을 숨기려 하지 마세요. 창의적인 사고로 해결책을 제시하세요(변명 거리를 만들거나 부인할 방법을 찾지 말고요).

컵 7 카드가 사람을 가리킬 때, 그는 물고기자리, 전갈자리, 게자리 같은 물의 별자리 태생일 가능성이 높습니다. 이 사람은 당신이 집중하고 전념해야 하는 순간에 당신의 주의를 흐트러뜨리거나 나쁜 영향을 줄지도 모릅니다.

• • • •

보통 컵 7 카드는 머리 위를 부유하는 구름에 놓인 일곱 개의 컵에서 돌출된 일곱 개의 이미지를 응시하는 인물의 뒷모습을 보여줍니다. 구름은 환상과 상상을 상징하며, 이 사람은 그 영역에서 길을 잃을 위험에 처해 있죠.

• • • •

굿 카르마의 조언
환상으로부터 즐거움은 찾을지 모르나,
행복은 오직 현실에서 비롯한다.

Eight of Cups
컵 8

방향을 전환하라 · 되지 않는 것은
단념하라 · 우리는 성공보다 실수에서
더 많은 것을 배운다

이 카드의 핵심 주제가 실망인 만큼, 메시지가 냉정하게 느껴질 수도 있습니다. 기대했거나 많은 시간과 노력을 투자했던 일이 영 잘 풀리지 않는군요. 이를 인정하고 진실을 마주해서 이 상황을 타개해야 합니다.

하지만 이 카드를 뽑는다면, 아마 지금 상황이 어떤지 이미 정확하게 파악하고 있고 벌써 문 밖으로 반쯤은 나간 상태일 것입니다. 다음으로 무엇을 할지가 가장 중요하겠죠. 실망이 클수록 새로운 챕터를 향한 각오를 단단히 하게 되어 원래 품었던 포부보다 훨씬 큰 성취감을 얻게 될 거예요. 이 실패를 뒤로하고 새로운 목표에 집중함으로써, 어쩌면 전에 없었을지 모를 추진력과 하나에 전념하는 집중력을 다질 수도 있죠. 실패에서 교훈을 찾으세요. 꺾이지 말고 돌아와요. 당신이 이렇게 길을 돌아가게 된 데에는 그럴 만한 이유가 있을 거라고 믿어야 해요.

컵 8 카드가 사람을 가리킬 때, 그는 물고기자리, 전갈자리, 게자리 같은 물의 별자리 태생일 가능성이 높습니다. 이 사람은 관계를 끊어내야 하는 낭만적인 연애 상대거나 모종의 파트너일지도 모릅니다. 당신을 갖고 노는 중일 수도 있고, 당신에게 필요한 걸 줄 수 있는 위치에 있지 않을 수도 있거든요.

• • • •

전통적으로, 이 카드는 앞쪽의 컵 여덟 개로부터 멀어지고 있는 남자를 보여줍니다. 하나가 빠진 것 같은 모양새로 놓인 컵은 정서적으로 만족되지 못한 상태임을 상징합니다. 산의 존재는 방향을 바꿔 더 어려운 길(불가피한 일이지만)을 선택해야 한다는 사실을 자각하기 시작했음을 나타내죠.

• • • •

굿 카르마의 조언
전진을 위한 후퇴.

Nine of Cups
컵 9

**꿈꿔라 · 마음이 바라는 바를 따르라 ·
꿈을 실현하기 위해서는 늘 대가가
필요함을 명심하라**

전체 타로카드 가운데 가장 근사한 카드 중 하나인 이 카드는 소망과 꿈이 실현되는 것을 상징합니다. 당신의 꿈이 지금 실현되는 중이거나 곧 실현되려는 참이겠군요.

이 카드가 나온다면, 그냥 웃어도 돼요. 우주로부터 마음에 품은 갈망을 이룰 무료입장권을 얻게 된다는 뜻이니까요. 그저 올바른 방향으로 몇 발짝 공공연하게 내딛기만 하면, 우주가 당신의 뜻을 알아차리고 앞으로 계속 도움을 줄 것입니다.

여기서 단 하나의 현실적인 문제는 모든 소망에는 일종의 대가, 즉 우리가 그것을 막연히 그려보느라 바빠서 예측하지 못했던 연쇄적인 영향이나 결과를 동반한다는 점이죠. 하지만 당신의 꿈이 충분히 강력하고 그것을 바라는 마음이 충분하다면, 약간의 대가를 지불할 각오가 될 것입니다.

컵 9 카드가 사람을 나타내는 경우, 그는 물고기자리, 전갈자리, 게자리 같은 물의 별자리 태생일 것입니다. 이 사람은 당신이 애착을 가진 대상일 수도, 홀딱 반해버린 상대일 수도 있어요. 어쩌면 당신이 탐내던 기회를 주거나 승진을 시켜줄 수 있는 위치에 있는 사람일지도 모르죠. 이 사람은 당신이 살면서 만나고 싶어 하는 사람입니다.

· · · ·

역사적으로 컵 9 카드에는 벤치에 앉아 있는 남자가 그려집니다. 그는 미소 지으며 만족하고 있어요. 남자의 뒤에는 만족과 성취감을 상징하는 황금으로 된 아홉 개의 컵이 아치 모양으로 가지런히 놓여 있죠. 컵 9 카드는 당신이 '해냈'거나 이제 곧 해내려 한다고 말합니다.

· · · ·

굿 카르마의 조언
당신이 꿈꿔온 삶을 살아라.

Ten of Cups
컵 10

가족과 가정을 소중히 여겨라 ·
가진 것에 만족하라 · 지금 그 자리가
당신이 있어야 할 곳이다

컵 슈트의 마지막 여정인 이 카드는 정서적 충족감과 만족의 상징입니다. 이는 가족의 행복일 수도, 그저 현재 상태에 대한 기쁨일 수도 있죠.

이 카드가 나온다면, 당신이 현재 평온하고 자신의 삶에 풍족함을 느끼고 있음을 의미합니다. 당신은 행복한 가정, 탄탄한 자의식과 자기 신뢰를 갖추고 있고, 어쩌면 근사한 연애 관계나 가족도 꾸리고 있습니다. 이 세상에서 당신이 감정적으로 안주할 '자리'를 찾고 그곳에 뿌리를 내렸습니다. 지금 당신이 속해 있는 관계와 배경 속에 자리하죠. 누군가(또는 무언가)에게 전념했고, 시간은 이것이 옳은 결정이었음을 증명했습니다.

컵 10 카드가 사람을 나타낸다면, 그는 물고기자리, 전갈자리, 게자리 같은 물의 별자리 태생일 가능성이 높습니다. 이 사람은 로맨틱한 연애 상대(혹은 깊은 우정을 나눌 친구)거나 인생과 사랑의 동반자, 함께 행복한 미래를 만들고 인생의 풍파를 헤쳐나갈 사람일 거예요.

• • • •

컵 10 카드는 일반적으로 아이 둘이 근처에서 노는 동안 가까이 붙어 서 있는 커플을 묘사합니다. 이들은 언덕 위에 있는 자신들의 집(안정감과 편안함을 나타냄)과 하늘 높이 열 개의 컵으로 가득 찬 무지개(힘든 과정의 끝을 상징)를 올려다보고 있죠. 이 카드는 그 뒤로 쭉 해피엔딩일 거라는 약속, 지금 함께 있어야 할 사람과 있어야 할 자리에 있다는 보증을 담고 있습니다.

• • • •

굿 카르마의 조언
소소한 기쁨을 누려라.
나중에 생각해 보면
그것이 큰 행복이었음을 깨닫는 날이 오리라.

Page of Cups
컵의 페이지

열린 마음으로 영감을 받아들여라 ·
창의적, 영적 또는 정신적 활동을 택하라 ·
흘러가는 대로 따르라

카드 주변으로 꿈과 환상, 창조성, 영감이 소용돌이치고 있어서 삶이 불안정하거나 모호하게 느껴질지도 모릅니다. 아마 당신은 의외의 것도 기대할 수 있을 거예요! 컵의 페이지는 당신에게 자신의 영적이고 직관적인 면을 우선시하고, 꿈과 명상에 호흡을 맞추며, 내면의 목소리에 귀 기울이고, 기시감에 더 신경 써야 한다고 부드럽게 권하고 있어요. 자면서 꾼 꿈을 기록하거나 그림을 그리고 글을 쓰는 등의 창의적인 시도를 시작하세요. 어떤 형태로든 스스로를 표현할 수 있는 방법을 자연스레 찾게 될 거예요. 삶은 약간 모호하고 변덕스럽지만, 이 폭풍우로부터 멋진 소식이나 번개 같은 형태로 반짝이는 아이디어, 창의성의 폭발이 생겨날 것입니다. 상상력이 풍부한 활동은 직관력과 육감을 끌어내기 때문에 도움이 될 거예요. 의식적으로 새로운 아이디어나 프로젝트에 마음을 열고 새로운 주제에 대한 호기심을 가져보세요. 물 흐르듯 따라가 보는 거예요.

컵의 페이지가 사람을 나타낸다면, 그는 아마 물고기자리, 전갈자리, 게자리 같은 물의 별자리 태생일 거예요. 이 사람은 당신의 인생에 불쑥 등장하고는, 어쩌면 금방 영원한 단짝, 즉 솔메이트 같은 느낌이 들겠죠. 누군가 당신을 반하게 만들지도 몰라요!

• • • •

전통적으로 타로에서 컵의 페이지는 오른손에 컵을 든 채, 바닷가에 서 있습니다. 물고기가 컵 밖으로 튀어나오죠(4원소 중 물은 창조성과 감정을 상징하며 물고기의 모습은 번뜩이는 영감, 즉 색다른 아이디어를 나타냅니다). 이것은 새로운 영감을 받아들이는 것에 대해 말하는 카드입니다.

• • • •

굿 카르마의 조언
창의력의 샘은 마르지 않는다.
오히려 쓰면 쓸수록, 물이 더 힘차게 솟아난다.

Knight of Cups
컵의 나이트

머리가 아닌, 심장을 따르라 •
아이디어를 현실화하기 위해 투자하라 •
사랑의 감정과 영감에 순응하라

컵의 나이트가 대단한 로맨티스트이기 때문에, 당신은 곧 사랑에 빠지게 될지도 모르겠습니다. 또한 이 카드는 왠지 운명처럼 느껴지는 아이디어와 창의성, 대형 프로젝트를 상징하기도 하죠. 모든 일이 술술 풀려가고 있으니, 이 좋은 에너지가 함께하는 동안 잘 활용해야 합니다. 이 분위기가 계속될 거라는 보장은 없으니까요.

당신은 새롭고 가슴 설레는 누군가(또는 무언가)에 현혹되고 있습니다. 이 카드는 잠시 숨을 고르라는 조언일지도 모르죠. 위축되어 어찌할 줄 모르겠는 기분인가요? 하나에 모든 것을 쏟아붓지 말고, 이 감정의 소용돌이에서 발을 헛디디거나 중심을 못 잡고 휘청거리지 않도록 조심해야 합니다.

카드는 애착을 갖고 있는 목표를 추구하거나 창조적 노력을 시작하는 것과 같이 아이디어나 영감을 실재하는 유형의 것으로 바꿀 때임을 암시해요. 당신의 아이디어 하나로 무언가를 창조해 보세요.

만약 컵의 나이트가 사람을 가리킨다면, 그는 아마 물고기자리, 전갈자리, 게자리 같은 물의 별자리 태생일 거예요. 이 사람은 매우 매력적이고 열정적인 연애 상대이죠. 사랑의 열병을 앓을 각오를 하는 게 좋을걸요.

• • • •

전형적인 타로 덱에서 컵의 나이트는 백마를 타고 마치 사랑의 증표인 것처럼 황금 컵을 들고 있는 기사를 보여줍니다. 그의 망토는 물의 상징이자 창의력과 감정을 나타내는 물고기 모양으로 꾸며져 있죠. 날개가 달린 투구와 부츠는 적극적인 상상력을 상징합니다. 말은 느리고 차분하게 움직입니다. 기사는 자신의 직관을 따르고 있으며, 평온한 상태입니다.

• • • •

굿 카르마의 조언
너무 많은 사람들이 잘못될까 두려워하느라 꿈을 추구하며 살지 못한다.

Queen of Cups
컵의 퀸

내면의 풍경을 살펴라 · 자의식이 당신을
진정한 길로 이끌리라 · 연민과 배려로
다른 사람을 돕고 지지하라

컵의 퀸 카드는 감정을 깊게 파보고 자신을 회
복해야 할 때라는 신호일 수 있습니다. 감정의
시작점과 근본 원인을 추적해 유발 요인을 찾
고, 당신이 겉으로 보여주는 허울 아래에 있는
당신에게 동기를 부여하고 두려움을 안기는 요
소를 알아내야 해요. 이 사색의 시간이 당신을
진정한 길로 이끌 것입니다.

컵의 퀸은 타로 덱에서 가장 정신적이고 영
적이며 직관적인 카드 가운데 하나입니다. 지금
은 행동해야 하는 때가 아니라 자신을 돌아보
고 자신의 직관을 믿어야 할 때죠. 당신은 아마
다른 사람을 배려하고 가엾이 여기며 영적 보살
핌을 베풀 수 있을 거예요. 가끔은 다른 사람들
을 도움으로써 우리는 자신의 본질과 소명에 대
해 가장 많이 깨우치기도 합니다.

컵의 퀸이 사람을 나타낸다면, 그는 아마 물
고기자리, 전갈자리, 게자리 같은 물의 별자리
태생일 가능성이 높아요. 이 사람은 영적이고,
어쩌면 조금은 불가사의하며, 뮤즈나 그런 비슷
한 인물의 역할을 할 수 있을 것입니다. 꼭 실질
적인 도움이랄 수는 없겠지만요.

· · · ·

역사적으로 컵의 퀸은 해변 끝자락의 왕좌에
앉아 있는 아름다운 여자를 보여줍니다. 손에
들고 있는 컵이 뚜껑이 닫힌 채라는 것은 그녀
의 아이디어와 통찰력이 잠재의식으로부터 나
온다는 것을 의미합니다. 바다를 주제로 한 무
늬로 장식한 왕좌는 감정과 통찰을 나타내는
원소인 물의 상징이죠. 발은 발치의 물속이 아
닌, 조약돌에 얹어 자신의 기분을 분석할 수 있
도록 충분한 감정적 거리를 두고 있습니다.

· · · ·

굿 카르마의 조언
눈에 보이는 것에 이끌리지 말고
혜안을 따르라.

King of Cups
컵의 킹

감정의 균형을 유지하라 · 먼저 너 자신을 알라 · 다른 사람을 중재하고, 조언하고, 지지하라.

타로에서 이 카드는 감정에 있어 '헤비급 챔피언'을 상징합니다. 자의식이 강하고, 남을 재단하지 않으며, 인정이 넓고 타인에게 친절을 베풀 수 있을 만큼 감정적으로 충분히 강인한 사람이죠.

컵의 킹은 당신이 통찰력과 직관력이 있고 감정적으로 안정된 사람과 사랑에 빠지거나 관계를 맺고 있음을 보여줍니다. '또는' 당신 자신의 영적 발전이 이러한 수준에 이르렀음을 나타내기도 하죠. 당신은 자신의 느낌이나 생각을 소홀히 하지 않고, 균형감과 안정감을 즐기며, 그만큼 행복을 느끼지 못하는 것 같은 사람들을 보면 대단히 안타깝고 걱정스러운 마음이 듭니다. 카드는 당신의 도움이 필요한 사람들을 돕고 보살필 수 있다면 그렇게 하는 것이 좋다고 부드럽게 권합니다.

만약 컵의 킹이 사람을 가리킨다면, 그는 아마 물고기자리, 전갈자리, 게자리 같은 물의 별자리 태생일 거예요. 이 사람은 열정적이고 지혜롭죠. 아마 그냥 일이 아니라, 자신의 천직, 즉 운명적으로 타고난 일을 하고 있을 거예요. 그는 훌륭한 파트너나 친구가 될 가능성이 충분합니다.

• • • •

대부분의 덱에서 컵의 킹은 자신의 권위와 지위를 상징하는 금색 망토를 두르고 커다란 왕좌에 앉아 있습니다. 오른손에는 감정에 해당하는 컵을 들고, 왼손에는 통제력을 나타내는 홀을 쥐고 있죠. 거친 바다 한가운데 있지만 그의 품위에는 일말의 흔들림도 없는 듯합니다. 왕은 차분하고 침착하며, 감정에 압도되지 않고 그것을 받아들이는 법을 알고 있어요.

• • • •

굿 카르마의 조언
사람들은 당신의 말이나 행동은 잊어버리지만, 그들에게 '어떤 기분이 들게 했는지'는 잊지 않는다.

Ace of Wands
완드 에이스

자신의 영감을 따르라 · 자신을 믿고
첫 발을 내디뎌라 · '당신에게 딱 맞는
자리'를 찾기 위해 집중하라

에이스 카드는 새로운 시작을 의미하고, 그중에서도 완드 에이스는 영감을 불러일으키고 흥미진진하며 빠져들게 만드는 새로운 프로젝트나 역할, 일을 추구하는 것에 대한 카드입니다. 당신이 꼭 완벽하게 준비된 상태는 아니더라도 성공적이고 성취감을 주는 것들이죠. 카드가 말합니다. '한번 해봐!'

자신이 즐기지 않는 일에서 성공하기란 쉽지 않습니다. 그렇죠? 열정은 성공과 그 열매를 추구하고 성취하는 데 큰 역할을 합니다. 이 카드는 당신이 꿈꾸는('서류상' 합리적으로 보이는 것과 대조해서) 새로운 장에 투자하라는 우주의 거대하고 은근한 유도예요. 당신의 피를 뜨겁게 만드는 모든 것이 당신이 해야 할 일입니다. 경험과 기술, 지식이 커지고 쌓이겠지만, 그 시작을 위해서는 큰 동기부여가 필요합니다.

만약 완드 에이스가 사람을 가리킨다면, 그는 사자자리나 양자리, 궁수자리 같은 불의 별자리 태생일 거예요. 무언가 창의적인 것을 만들어내기 위해 그 사람과 함께 사업을 하게 되거나 친분을 맺게 될 가능성이 있습니다. 그는

당신을 도울 수 있는 멘토 혹은 친구가 되거나, 어쩌면 새로운 연애 상대로서의 호기심을 불러일으킬 수도 있어요.

• • • •

전통적으로 완드 에이스에는 구름에서 길게 뻗어 나와 완드를 쥐고 있는 손이 그려집니다(새로운 기회 또는 잠재력 있는 아이디어를 상징). 또한 비옥한 풍경은 성장에 대한 감각과 가능성을 강화하죠. 멀리 보이는 성은 보상이 올 것임을 암시하며, 전경에 있는 언덕은 늘 그 과정에서 크고 작은 문제가 생기겠지만 극복할 수 있음을 상기시킵니다.

• • • •

굿 카르마의 조언
*당신 자신이 되어라.
누군가가 될 수 있는 건
오직 그 자신뿐이니까.*

Two of Wands
완드 2

고통 없는 성장은 없다 · 마음을 정하고
다음 걸음을 내디뎌라 · 무엇보다도 중요한
건 끈기다. 계속 나아가라

완드 2 카드는, 하고 있는 일에 전념하라는, 그게 아니면 무언가 다른 일에 에너지를 쏟아보라는 의미입니다. 성공하기 위해서는 그런 자신의 행동에 확신이 있어야 해요.

새로운 것을 시작할 때, 우리는 상당히 빠르게 첫 갈림길에 이르게 됩니다. '잘되고 있는 건가? 나는 즐기고 있나?'의 대답이 '아니오'라면, 당신에게는 아직 기회가 있으니 지금이라도 멈추는 게 좋아요. 대답이 '예'라면, 계속 진행하기 위해 어떤 선택지가 있는지 살피고 하나를 고른 다음 행동하세요. 핵심은 계속 나아가고, 적극적으로 움직이며 스스로를 채찍질하고, 직접적으로 행동에 옮기는 것입니다.

이 카드가 나타나면, 우리는 아마도 여러 개의 선택 사항, 혹은 하나에 겹치고 겹쳐 복잡해진 선택지를 가지고 있을 것입니다. 망설임으로 머뭇거리지 마세요. 앞으로 나아가는 길에 옳고 그른 건 없으니까요. 나쁜 결정은 아예 결정을 내리지 않는 것뿐이죠.

완드 2 카드가 사람을 가리키는 경우, 그는 사자자리나 양자리, 궁수자리 같은 불의 별자리 태생일 가능성이 높습니다. 당신이 생각했던 것과 이 사람이 정확히 같지는 않다는 사실을 알게 될 수도 있고, 당신이 여전히 관계를 맺고 싶은지 확신이 들지 않을 수도 있어요. 그 사람이 안긴 놀라움에 마음이 불안한 걸지도 모르죠. 주의 깊게 살핀 다음 마음을 정하세요.

• • • •

많은 타로 덱에서 완드 2 카드는 빨간 가운을 두르고 모자를 쓴 남자가 지구본을 들고 있는 모습을 보여줍니다. 이 카드는 그가 자신의 성의 경계를 벗어날 수만 있다면, 무엇이든 할 수 있고 어디든 갈 수 있다고 말합니다. 남자는 곧게 세운 완드에 손을 올리고 다른 완드는 벽에 고정해 두었는데, 이는 아직 그가 익숙한 편안함에서 벗어날 준비가 되지 않았음을 암시합니다.

• • • •

굿 카르마의 조언
투쟁 없이는 발전도 없다.

Three of Wands
완드 3

시야를 넓혀라 · 내 운은 내가 만드는 것 ·
이익을 얻기 위해서는 투자가 필요하다

발전과 성장, 시야의 확장, 진보와 기회, 이 모든 것이 좋은 방향으로 시작되고 있어요! 이 카드는 당신에게 주변 세상을 향해 어서 반응을 보이라고 촉구합니다. 운을 좋는 자만이 운을 얻을 수 있는 법이죠.

지금 당장 당신이 이용할 수 있는 모든 것을 이용하세요. 주변을 돌아보고 사람들이나 관계, 프로젝트와 기회가 방치되어 있는 곳을 찾아 당신이 이어서 계속하거나 이용할 수 없을지 살피세요. 보통 다른 사람과 함께일 때 더 멀리 더 빠르게 나아갈 수 있으므로, 협업을 고려해 보는 것도 좋습니다. 새로운 생각과 아이디어, 도움, 에너지를 투입할 방법을 찾으세요. 시야를 넓히고 사람들을 계획에 동참시켜서 규모를 키워보세요! 끈기 있고 회복력이 좋은 사람들이 대개 운이 좋죠. 그들 중 하나가 되어보세요.

완드 3 카드가 사람을 가리킬 때, 그는 사자자리나 양자리, 궁수자리 같은 불의 별자리 태생일 가능성이 높습니다. 이 사람은 당신의 이익과 야망에 더 도움이 될 수 있는 사람이죠. 보통 무엇을 아느냐보다 누구를 아느냐가 중요한

법이거든요.

· · · ·

일반적으로 완드 3 카드는 등을 돌린 채 절벽에 서 있는 남자를 보여줍니다. 땅에 박힌 세 개의 지팡이는 그가 계획에 전념하고 있음을 상징해요. 남자는 광대한 공간에 서서 진보와 변화를 나타내는 세 척의 대형 범선을 바라봅니다. 앞으로의 기회를 재보는 중이죠.

· · · ·

굿 카르마의 조언
*세상은 당신이 생각하는 것보다 좁고,
당신은 현재 당신이 믿는 것보다
멀리 갈 수 있다.*

Four of Wands
완드 4

> 축배를 들어라! · 일만 하고 즐기지 않으면
> 인생이 따분해진다 · 노동의 성과물을
> 가정과 생활에 투자하라

무엇을 하든지, 어디에 있든지 꽃향기를 맡을 여유가 필요합니다. 즐거운 인생입니다. 그런 인생을 살고 있음에 축배를 드세요!

이 카드는 우주가 보내는 직접적인 메시지입니다. 당신이 이루고 만들어낸 모든 것을 음미하고 인정하며 기념하세요. 사실, 즐기기 위한 약간의 핑곗거리죠. 보상도 없이 열심히 일만 하는 건 인생이라고 할 수 없습니다. 쉬면서 노동의 성과를 즐겨야 합니다. 그게 아니라면 이게 다 무슨 의미가 있을까요?

이따금 이 카드는 당신이 열심히 노력한 결과로 생활이나 사는 형편이 곧 개선될 것임을 암시합니다. 어쩌면 공부를 계속하기 위해 이사를 할 수도 있고, 집을 사거나 지금 살고 있는 거처를 업그레이드하게 될지도 모르죠. 당신은 점점 나아지고 있고, 인생도 즐거워요!

완드 4 카드가 사람을 나타내는 경우, 그는 아마 사자자리나 양자리, 궁수자리 같은 불의 별자리 태생일 거예요. 이 사람은 긍정적인 영향을 미치는 사람이며 당신이 기댈 수 있는 당신의 아군입니다.

• • • •

많은 타로 덱에서 완드 4 카드는 손에 꽃을 들고 춤추는 행복한 두 사람을 보여줍니다. 꽃과 과일로 가득한 아름다운 꽃 장식이 네 개의 완드 사이에 걸려 있어요. 이러한 요소들은 목표나 중요한 단계에 도달함으로써 얻은 충족감을 나타냅니다. 배경의 성은 가정, 그리고 탄탄한 기반에 투자해 생기는 안전과 안정을 상징합니다.

• • • •

굿 카르마의 조언
더 보고 싶은 것을 축하하라.

Five of Wands
완드 5

상황이 더 나빠지기 전에 지금 손을 떼라 ·
감정을 거둬들여라 · 논리적이고 합리적인
전략을 적용해 이 시기를 넘겨라

당신 인생에서 까다롭고 공격적인 무언가가 감당할 수 없게 되어가고 있고, 그것에 대한 사고방식과 접근법을 바꾸는 것은 당신에게 달린 일입니다. 이 갈등이나 다툼을 끝내야 해요.

완드 5 카드는 우리가 누군가 또는 무언가와 싸우고 있을 때 나타나는데, 대개 근본적인 불일치로 인한 것이라서 결코 해결되지 않을 것 같습니다. 가끔 세상일이 그럴 때가 있죠. 막 쏘아대고, 집요하게 밀어붙이고, 감정을 쏟아내고… 하지만 다 헛된 행동이에요. 초연해야 합니다. 이 상황에 거리를 두고 객관적인 시각으로 보세요. 문제를 다루기 위한 계획을 세우고 전략을 써서 어떻게든 해결한 다음, 결과를 검토합니다. 수정을 거쳐 반복하세요. 당신은 이 문제에서 벗어날 수 있을 것입니다. 더는 여기에 피와 땀, 눈물을 쏟지 마세요.

완드 5 카드가 사람을 나타내는 경우, 그는 사자자리나 양자리, 궁수자리 같은 불의 별자리 태생일 것입니다. 당신은 이 사람과 갈등을 겪고 있을 가능성이 높으며, 솔직히 말해 상황이 급격히 좋아질 가능성은 없어 보여요.

• • • •

많은 타로 덱에서 완드 5 카드는 싸우고 있는 다섯 명의 남자를 보여주지만, 더 자세히 보면 어느 누구의 완드도 사람을 때리지 않습니다. 거리를 두고 대치하죠. 제각각 다른 옷을 입은 남자들은 그들의 다양한 배경과 신념을 상징합니다. 이 사람들은 결코 사이가 좋아지지 않을 거예요.

• • • •

굿 카르마의 조언
*초연함은 당신이 무엇에도
소유권을 인정하지 않는다는 말이 아니라,
무엇도 당신을 소유하지 않게 한다는 뜻이다.*

Six of Wands
완드 6

> 자신을 믿어라 • 전력을 다해 계획을
> 추진하라 • 당신은 정확히 당신이
> 있어야 할 자리에 있으며, 모든 일에는
> 다 이유가 있다

• • • •

이 카드가 나온다면, 모든 것이 술술 풀리고 있다는 의미이니, 잠시 휴식을 취하면서 성취한 것에 만족하고, 편히 앉아 경치를 즐기세요!

완드 6 카드는 승리와 성공, 진보, 자신감에 대해 말하는 아주 긍정적인 카드입니다. 무언가 좋은 결과가 나려는 참이고, 당신은 정확히 당신이 있어야 할 지점에 있어요. 우주가 이제까지 당신이 해온 모든 노력과 인내심에 하이파이브를 건네는군요. 축배를 드세요! 순간을 즐겨요. 우리는 모두 우리가 밟아온 주요 단계와 업적을 인정해야 해요. 그와 비슷한 실질적인 발전을 더 촉진하기 위해서 말이죠.

또한 이 카드는 당신이 계획하고 있는 무엇이든 전력을 다해 추진하라는 청신호입니다. 우주가 YES라고 말하고 있어요.

완드 6 카드가 사람을 나타내는 경우, 그는 아마 사자자리나 양자리, 궁수자리 같은 불의 별자리 태생일 것입니다. 이 사람과는 사업에서든, 친구나 연인 관계에서든 가까이 지내거나 협력하고, 힘을 합치는 게 좋습니다.

완드 6 카드에는 승리의 화관을 머리에 쓴 남자가 백마를 타고 환호하는 군중 사이를 지나는 모습이 묘사되곤 합니다. 남자의 말은 힘을 나타내고, 군중은 남자의 성공에 대한 인정을 상징하죠. 이 장면에 있는 모든 사람, 즉 기수와 그걸 보는 군중들은 그의 업적에 기뻐하며 신이 나 있습니다.

• • • •

굿 카르마의 조언
당신이 이룰 수 있는 것에 한계는 없다.

Seven of Wands
완드 7

당신의 주장을 굽히지 마라 · 무엇보다도
자신의 이익을 사수하라 · 당신은 혼자서도
세상과 맞설 수 있다

이 카드가 나오면, 당신은 자신의 입장을 고수하고 물러서지 않아야 합니다. 자신의 이익을 지키기 위해서는 힘의 과시가 불가피할지도 모릅니다. 여우가 아니라 사자가 되어 큰 소리로 포효하세요!

완드 7 카드는 당신 주변에 해결하기 힘든 경쟁과 다툼, 대적과 긴장감이 있음을 나타냅니다 (하지만 해결할 수 있어요). 당신이 가진 것이나 목표로 하고 있는 것을 다른 사람이 원한다는 점은 그것이 그럴 만한 가치가 있다는 증거입니다. 당신 자신과 당신이 선택한 길을 지켜야 해요. 선두를 유지하세요. 당신은 이길 수 있으니까 (그리고 이건 스포일러지만, 이 카드는 당신이 이길 거라고 암시해요) 당신의 회복력과 불굴의 정신을 끌어내서 끝까지 해내세요.

완드 7 카드가 사람을 가리키는 경우, 그는 사자자리나 양자리, 궁수자리 같은 불의 별자리 태생일 가능성이 큽니다. 이 사람은 아마 당신과 반목하고 있거나, 어쩌면 무언가를 놓고 경쟁하고 있을 거예요. 당신도 알겠지만 라이벌은 우리를 새로운 고지에 오르게 만들기 때문에 가끔은 선물 같은 존재죠. 당신의 적을 당신의 원동력으로 만들어버려요!

• • • •

이 카드는 대개 언덕 꼭대기에서 손에 완드를 쥐고 아래로부터 솟아 있는 더 많은 완드와 싸우고 있는 남자를 보여줍니다. 그는 자신의 영역을 지키고 있어요. 남자는 짝이 같지 않은 신발을 신고 있고 이것으로 우리는 남자가 기습을 받았다는 것을 알 수 있지만, 그래도 그는 계속해서 싸우고 있습니다.

• • • •

굿 카르마의 조언
그 공간에서 가장 열심히 노력하는
사람이 되어라.

Eight of Wands
완드 8

[
YES라고 말할 수 있도록 준비하라 •
뿌린 대로 거두리라 • 당신의 네트워크를
육성하라
]

이 카드를 뽑는다는 건, 당신이 행복의 절정에 있고 승승장구하는 중이며 모든 일이 당신이 바란 것 이상으로 잘 되어가고 있다는 뜻입니다. 당신이 이미 끝낸 준비 작업과 발품이 드는 일은 좋은 결과를 내고, 당신은 뿌린 씨앗의 결실을 거두고 있죠.

이 카드는 기회와 소통을 상징하고 사방에서 들어오는 새로운 소식과 초대, 아이디어로 상황이 정신없이 돌아갈 것임을 암시합니다. 카드는 'YES'라고 대답하고 '재빠르게' 반응할 준비를 하라고 하는군요. 이렇게 굉장한 상태로 제공되는 에너지를 쓰지 않은 채 그냥 지나치면 안 돼요.

완드 8 카드가 사람을 나타내는 경우, 카드가 목성(궁수자리의 지배 행성)에 해당하는 것처럼 그는 아마 궁수자리 태생일 것입니다. 이 사람은 당신에게 행운이에요. 그가 당신에게 좋은 운을 가져다 줄 테니까, 힘을 합쳐서 뭔가 놀랍고 불가능해 보이는 일을 해봐야 해요!

• • • •

전통적으로 이 카드는 싹이 나고 있는 여덟 개의 막대가 허공을 휙 가르는 모습을 보여줍니다. 막대의 빠른 궤적은 변화와 전진, 여행을 암시하죠. 하늘은 맑고 강은 자유로이 흐릅니다. 모든 것이 활기차고 생기 있게 보여요.

• • • •

굿 카르마의 조언
*기회를 잡으면, 그 기회는
꼬리에 꼬리를 물고 늘어난다.*

Nine of Wands
완드 9

지금은 포기할 때가 아니다 · 생각하는
만큼 나쁘지 않다 · 이 장애물을 극복하면
모든 것이 나아질 것이다

• • • •

완드 9 카드는 우주가 해주는 어깨 마사지이자,
당신이 포기하고자 수건을 던지려 할 때 당신의
세컨드(cornerman)가 건네는 응원의 말입니다. 메
시지는 이거죠. 포기하지 마세요.

　보통 동트기 전이 가장 어둡죠. 그게 이 카드
의 분위기입니다. 당신은 이미 지치고 좌절감을
느끼고 있는 상태인데, 어이없게도 당신이 고생
하고 있던 것과 같은 문제가 발생해요. 제발 그
만!! 괜찮아요, 당신은 생각보다 돌파구에 근접
해 있고 이 장애물의 반대편에는 잔잔한 바다
와 순조로운 항해가 기다리거든요. 당신은 할
수 있어요. 당신은 생각보다 많이 준비되어 있
죠. 장애물을 향해 덤벼드세요. 당신이 생각하
던 것의 반만큼도 힘들지 않으니까요.

　완드 9 카드가 사람을 나타내는 경우, 그는
아마 사자자리나 양자리, 궁수자리 같은 불의
별자리 태생일 것입니다. 이 사람이 당신이 직
면한 문제의 일부일 수도 있지만, 어쩌면 당신
에게 도움이 될 수도 있습니다. 상황에 따라 적
절히 결정하고 행동하세요.

전통적으로 완드 9 카드에는 완드를 들고 있는
다친 남자가 그려집니다. 그는 어깨 너머로 맴
도는 여덟 개의 완드를 바라봅니다. 남자는 지
쳤고, 이미 너무 많은 갈등과 불화를 마주해 왔
죠. 이것은 목표에 다다르기 전 마지막 과제입
니다. 남자는 이 마지막 시험인 성격 테스트를
극복해야 해요.

• • • •

굿 카르마의 조언
우리는 쉬운 일을 하면서가 아니라,
장애물을 극복하면서 성장한다.

Ten of Wands

완드 10

덜어낼수록 더 좋다 · 더 자주 NO라고 말하라 · 당신에게 더는 도움이 되지 않는 일을 따져보라

저는 보통 이 카드를 '일 중독자' 카드라고 부릅니다. 너무 많은 부담, 너무 많은 짐, 너무 많은 양금을 지고 있는 사람을 상징하거든요. 당신은 진부하거나 쓸모가 없는 일에서 홀가분해져야 합니다.

완드 10 카드가 묻습니다. 왜 '고생을 사서' 하려고 고집부리죠? 당신이 책임을 지고 있는 관계를 살펴보세요. 유익한 관계인가요? 당신은 쉽게 고통을 부풀리는 편인가요? 다른 사람 몫의 책임을 자신의 것처럼 떠맡으려고 애쓰나요? 제발 그만! 싫다고 말해요. 자신의 의무를 확인하고 급하거나 중요하지 않은 일에서 자유로워지세요. 당신 혼자 할 필요가 없는 일과 의무를 버리거나 다른 사람에게 위임하고 뒤로 미루세요. 빈 주전자에서는 물을 얻을 수 없고, 이제 당신 주전자에는 물이 거의 안 남았잖아요.

완드 10 카드가 사람을 나타낸다면, 그는 아마 사자자리나 양자리, 궁수자리 같은 불의 별자리 태생일 것입니다. 이 사람은 당신의 에너지나 자산을 고갈시키기 때문에 당신은 그가 당신에게 미치는 영향을 재조정해야(또는 벗어나야) 합니다.

• • • •

완드 10 카드에는 일반적으로 거대한 장대 뭉치를 들고 작은 마을 쪽으로 나르는 남자가 묘사됩니다. 그는 짓눌리고 피곤해 보이지만, 거의 도착했고 무거운 짐을 곧 내려놓을 수 있다는 것을 알고 있죠.

• • • •

굿 카르마의 조언
*일정에 따라 우선순위를 정하지 말고,
우선순위에 따라 일정을 정하라.*

Page of Wands
완드의 페이지

열정적으로 시작하라 ·
아이디어를 활용해 실행으로 옮겨라 ·
영감은 어디에나 있는 것

창의력과 상상, 영감이 밀려드는 것을 곧 경험하게 될 거예요. 하지만 반드시 이것을 활용하거나 그 생각을 실행하고 행동에 옮겨야 한다는 점을 유념해야 합니다. 계획을 끝까지 지켜나가세요!

완드의 페이지는 생기발랄하고 새로운 무언가를 하겠다는 의도로 가득합니다. 비록 너무 많은 선택지가 휘몰아치는 바람에 계획을 실행하기보다는 생각하느라 바빠 보이지만요. 당신의 아이디어를 실행에 옮기세요. 그것을 가동하고 열심히 계속해 나가야 합니다. 한 가지 일을 반쯤 하다가 다른 일로 홀랑 건너뛰어 버리면 안 돼요. 그리고 당신이 처음부터 이 모든 것을 잘 할 거라고 누가 기대할까 봐 걱정하지 마세요. 그런 부담은 내려둔 채, 학습 곡선을 그려나가듯이 시행착오를 겪고 배워가는 거죠. 완벽주의는 도움이 되지 않아요.

완드의 페이지가 사람을 가리키는 경우, 그는 사자자리나 양자리, 궁수자리 같은 불의 별자리 태생일 가능성이 높습니다. 그 사람은 당신보다 어릴 수도 있고, 왠지 좀 더 어른스럽지

못할 수도 있어요. 어쩌면 아이디어로 가득한 사람이라, 함께하고 싶은 마음이 들지도 모릅니다. 진행해 보세요. 대신, 상상력이 풍부한 사고뿐인지, 확고한 계획이 있는지 반드시 확인해 봐야 합니다.

••••

대개 완드의 페이지는 위에서부터 푸른 새싹이 움트고 있는 긴 지팡이를 든 젊은 남자를 보여줍니다. 그의 튜닉은 완전한 변화를 연상하는 전설의 동물인 샐러맨더의 문양으로 장식되어 있죠. 남자는 새싹이 돋는 지팡이가 상징하는 성장 가능성으로 고무되고 있지만, 아직 어떤 행동도 취하지 않은 채 가만히 서 있습니다.

••••

굿 카르마의 조언
아이디어의 가치는 그것을 쓰는 데 있다.

Knight of Wands
완드의 나이트

[마음 가는 대로 가라 · 모험하라 ·
시야를 확장하라]

완드의 나이트는 무모하고 자유분방하고 인상적이며(하지만 가끔은 신중하지 않죠) 논리나 지성보다는 본능적 직감으로 앞서 나아가는 인물입니다. 그럼에도 대개 어찌어찌 일이 잘 풀립니다.

이 카드는 당신이 모험심이 강하고 즉흥적이며 대담한 사람을 곧 만나게 될지도 모른다는 뜻을 담고 있습니다. 그의 에너지에는 전염성이 있어서 당신도 함께 원정에 참여하고 싶은 기분이 들죠. 해보세요!

또한 카드는 당신이 스스로 시야를 넓히고, 임무를 수행하거나 인상적이고 신나는 일을 해나갈 준비가 되어 있음을 암시하기도 합니다. 당신의 지성보다는 자아를 믿고 해볼 때예요! 이 카드에는 여행도 암시됩니다. 뭐든 좋으니 시작해 보세요.

완드의 나이트가 사람을 상징할 때, 그는 사자자리나 양자리, 궁수자리 같은 불의 별자리 태생일 가능성이 높습니다. 그 사람은 기지가 넘치고, 직감을 쓰고 본능에 따라 움직이며, 매력적이고 어쩌면 조금은 위험할지도 모를 인물입니다. 당신의 마음을 완전히 사로잡는군요.

• • • •

많은 덱에서 완드의 나이트는 샐러맨더(완전한 변화를 연상시키는 전설의 동물) 문양의 노란 로브를 걸치고, 갑옷과 불타는 듯한 깃털 장식을 휘날리는 투구를 걸친 채 말에 앉아 있는 모습으로 그려져요. 오른손에는 새싹이 돋는 완드를 들고, 앞으로 있을 임무에 열정과 기운이 넘치고 있죠. 기사가 타고 있는 말은 뒷다리로 일어서서 행동에 나설 준비를 하고 있습니다.

• • • •

굿 카르마의 조언
행복이 목표라면(마땅히 그래야 하고),
모험에 나서는 것이 최우선이다.

Queen of Wands
완드의 퀸

당신의 꿈을 모험으로 만들고 즐겁게
추구하라 · 애정과 에너지, 인정으로
이끌어라 · 자, 어서!

완드의 퀸은 적극적인 활동가예요! (스트레스 받지 않지만) 힘이 넘치고, (경쟁심은 강하지 않지만) 야심만만하며, (변덕스럽지 않지만) 역동적이고 성공에의 투지가 강한 인물이죠. 이는 당신이 취해야 할 삶의 태도 혹은 사고방식입니다.

당신이 바라는 것에 대해 강하고 대담하며 적극적으로 나서야 할 때, 이 카드가 나타납니다. 완드의 퀸은 지도자이고, 자신의 전염성 있는 선한 본성과 비전으로 다른 사람들을 이끕니다. 그녀는 모든 사람이 승자가 되기를 바라며, 비록 자신을 최우선으로 생각하지만 다른 사람을 발판 삼지는 않습니다. 압도적 매력을 지닌 꿈을 좇으며 다른 사람들과 함께 여행의 매 순간을 즐겨보세요!

만약 완드의 퀸이 사람을 가리킨다면, 그는 사자자리나 양자리, 궁수자리 같은 불의 별자리 태생일 가능성이 높습니다. 이 사람은 당신보다 나이가 약간 많고, 극히 유쾌하며 생기가 넘칠 거예요. 모험에 나서고 싶은 마음이 들게 만드는 사람입니다. 그녀와 함께 말이죠.

• • • •

역사적으로 완드의 퀸은 사자(힘을 상징) 장식이 있는 왕좌에 앉습니다. 왼손과 왕관 위, 그리고 그녀의 뒤편에 있는 해바라기는 풍요와 기쁨, 성공을 나타내죠. 발치에 앉은 검은 고양이는 이 여왕이 자신의 그림자와 진정한 본성을 이해한다는 의미예요. 그녀는 지금 자신의 모습에 만족합니다.

• • • •

굿 카르마의 조언
당신의 행동이 다른 사람들을
꿈꾸고 배우며 더 나은 사람이 되도록
자극한다면, 바로 당신이 지도자이다.

King of Wands
완드의 킹

[
그런 척하다 보면 정말 그렇게 된다 ·
· 앞서서 이끌어라 · 당신은 스스로 생각하는
것보다 더 강한 사람이다
]

완드의 킹은 유능하고 문제 해결 능력이 있으며, 적극적이고 호감이 가는 사람입니다. 그는 인상 깊은 지도자 혹은 멘토이며, 양질의 조언과 샘솟는 용기로 당신이 의지할 수 있는 인물입니다.

이 카드가 나온다면, 당신은 곧 인생의 참된 스승, 지도자이자 안내자가 되어줄 수 있는 사람을 만나게 될지도 모릅니다. 이 사람을 믿고, 그에게서 배울 수 있는 모든 것을 배우세요.

또한 이 카드는 지금 당장 당신 자신의 삶에 개인적으로 성장할 여지가 있고, 한발 나아가 스스로 책임지고 자신에 대해 알게 될 기회를 잡을 수 있다는 메시지일 수도 있습니다. 완드의 킹이 되세요! 당신이 용감하다고 생각하지 않는다면, '그렇게 될 때까지 그런 척이라도 해' 보세요. 가끔은 그저 믿음으로 시도해서 그 상황에 익숙해지고 자신감을 가져야 할 때가 있죠. 또한 완드는 여행을 상징하기도 해서, 이 카드는 시야를 넓히라는 조언일 수도 있습니다.

만약 완드의 킹이 사람을 나타낸다면, 그는 사자자리나 양자리, 궁수자리 같은 불의 별자리 태생일 것입니다. 이 사람은 지혜롭고 깊은 인상을 주며 역동적인 사람으로, 당신이 의지하고 우러러볼 수 있는 인물입니다.

• • • •

많은 덱에서 완드의 킹은 개화하는 완드(성장과 독창성을 상징)를 들고 왕좌에 앉아 있습니다. 그의 왕좌와 망토에는 사자와 샐러맨더(불과 힘의 상징)가 그려져 있죠. 샐러맨더가 자신의 꼬리를 무는 것은 역경을 이겨내고 나아가기 위한 쉼 없는 노력을 나타냅니다.

• • • •

굿 카르마의 조언
*위대한 지도자가 길을 나서는 것은
야망을 이루기 위함이며,
그것은 임무가 아닌 목표이다.*

Ace of Swords
소드 에이스

진실을 구하고 그것을 말하라 · 옳은
근거로 옳은 일을 하라 · 당신의 통찰력이
모든 것을 바꿀 수 있다

에이스 카드는 새로운 시작을 의미하고, 그 가운데 소드 에이스는 진실이나 통찰, 혹은 갈등이 삶을 변화시킬 잠재력을 가진 뜻밖의 사실로 이어질 것임을 암시합니다. 검은 날카롭습니다. 그것은 문제의 핵심을 찌르죠(그리고 거짓 위에 세운 것은 그 어느 것도 견고하지 못하기에, 이는 언제나 궁극적으로 더 좋은 결과를 내기 위한 것입니다).

소드 에이스가 당신의 앞에 놓인 도전을 의미할 수 있지만, 사실 가치 있는 것은 무엇도 쉽게 얻지 못합니다. 생각이 시속 160km로 질주하는 듯 느껴지고, 어쩌면 당신은 불면의 밤을 보내며 무언가를 해결하기 위해 안간힘을 쓰고 있을지도 모르죠. 견뎌내야 합니다. 상황에 대한 새로운 통찰 혹은 관점이 모습을 드러낼 테니까요. 그러면 그것을 받아들이세요. 이제 알게 된 그것을 억누르거나 피하고 숨기면 안 됩니다. 혹여 이것이 까다로운 대화나 힘든 결정을 의미하는 것일지라도, 마주해야 합니다. 결국은 그것이 최선임을 이해하고 믿으세요. 우주가 당신에게 빛을 가져다줄 것이니, 그것을 이용해 새로운 길(혹은 탈출구)을 밝히세요.

소드 에이스가 사람을 가리키는 경우, 그는 쌍둥이자리나 천칭자리, 물병자리와 같은 공기의 별자리 태생일 거예요. 이 사람은, 당신이 어렵더라도, 꼭 필요한 대화를 함께 나눠야 할 사람일 수도 있고, 당신의 통찰을 위한 자각을 줄 사람일 수도 있습니다.

• • • •

전통적으로 소드 에이스는 구름 속에서 나와 검(지성을 상징)을 쥐고 있는 손을 보여줍니다. 검의 끝에는 왕관과 화관(승리를 상징)이 걸려 있죠. 배경의 산은 눈앞의 길을 가려면 용기와 회복력이 필요함을 암시해요. 이제 당신이 가야 하는 길이죠.

• • • •

굿 카르마의 조언
진실은 강력하고, 그리하여 승리하리라.

Two of Swords
소드 2

모든 진상을 파악하라 ·
감정이 아닌, 이성이 필요한 시간 ·
지금 행동을 취해야 한다

힘든 결정, 신물 나는 상황, 깊은 비밀 등 무언가가 당신을 괴롭히고 있습니다. 당신은 그것에 대해 일종의 '비정상적인' 반응을 보이고 이렇게 사로잡혀 있지만, 이제는 행동해야 합니다!

소드 2 카드는 결정적인 카드로, 당신이 최종 선택을 내리길 촉구하며 그리고 그 선택에 따라 행동하라고 말합니다. 이것은 모두 너무 오랫동안 질질 끌어온 문제이기 때문에, 지금까지처럼 계속 미루고 부인한다면 극도의 고통만 연장시키는 꼴입니다. 문제의 핵심을 파고들어 지금 당장 이 상황을 해결하세요.

여기서 필요한 조언이라면, 할 수 있는 한 객관적이고 논리적이며, 감정적으로 초연해야 한다는 것입니다. 감정은 도움이 되지 않아요. 그건 상황을 명확히 보고 해결 방법을 모색하는 데 방해가 될 뿐입니다. 감정은 내려두고 이성적으로 충분히 생각해 보세요.

만약 소드 2 카드가 사람을 의미한다면, 그는 쌍둥이자리나 천칭자리, 물병자리와 같은 공기의 별자리 태생일 가능성이 높습니다. 어떤 식으로든 당신이 결정을 내리지 못하거나 망설

이게 하는 이유가 이 사람이라는 걸 깨닫게 될 수도 있죠. 그 사람과의 관계는 던져두고 생각해 보세요. 어떻게 하는 게 맞을까요?

• • • •

많은 타로 덱에서 소드 2 카드에는 눈을 가린 채 두 개의 검을 교차해 들고 있는 여자가 그려집니다. 눈가리개는 그녀가 길을 잃었고 무엇을 해야 하는지 깨닫지 못하고 있음을 시사해요. 게다가 유의미한 정보를 놓치고 있을 수도 있죠. 그녀의 뒤편에는 섬이 여기저기 흩어져 있는 호수가 보입니다. 이것은 감정 상태에서 기인한 장애물을 상징하죠.

• • • •

굿 카르마의 조언
진정한 결정은 행동으로 이어진다.
행동이 이어지지 않는다면,
당신은 진정으로 결정을 내렸다 할 수 없다.

Three of Swords
소드 3

['행동의 대상'이 되기보다는 '행동하는 사람'이 되어라 • 당신에게 해가 되는 사람들을 떠나보내라 • 고통스러운 슬픔도 치유되리라]

타로 덱에서 가장 강경한 카드입니다. 소드 3 카드는 당신이 정말로 힘든 상황을 해결해 왔다는 인정이에요. 누군가가 정말 졸렬하게 행동했고, 그것이 당신에게 충격을 줬습니다. 가스라이팅, 부정행위, 고의적인 방해, 교묘한 험담, 배신, 그리고 인격 모독. 당신이 부딪혀야 했을 수 있는 모든 행동들이죠. 우리는 가끔 타인의 부정적인 사고방식과 거래 관계에 휘말릴 때가 있습니다. 정말 끔찍하죠. 하지만 잊지 마세요. 이건 그들이지 당신이 아니에요.

소드 3 카드는 이 문제를 돕기 위해서 나온 것입니다. 그럼요, 당신은 고통스럽고, 그건 당연한 일이에요. 그래도 자신을 고통의 나락으로 내던지지는 마세요. 이런 부정적인 일의 희생자로 남아 있을 필요는 없습니다. 당신을 아프게 하는 일에서 손을 떼고 벗어나면 돼요. 고통의 근원이나 원인을 찾고 당신 인생에서 아주 완벽하게 제거해 버려요. 지금 결단력 있게 행동을 취해야 합니다. 그렇지 않으면 이 상황에 계속 휘둘리고 말 테니까요. 범인을 내쫓고, 치유와 회복에 집중하세요.

소드 3 카드가 사람을 가리킨다면, 그는 쌍둥이자리나 천칭자리, 물병자리와 같은 공기의 별자리 태생일 것입니다. 이 사람은 당신에게 최선의 이익이 무엇인지는 염두에 두지 않는 데다 당신에게 상처를 주는(또는 줄) 사람이죠. 절대 가까이하지 마세요.

• • • •

역사적으로 소드 3 카드는 세 개의 검에 관통된 심장을 보여주고, 이는 타인에 의해 가해져서 지금 당신이 겪고 있는 비통함을 상징합니다. 배경의 먹구름은 이것 또한 폭풍처럼 지나갈 것이라고 암시하죠. 믿음을 잃지 말아요.

• • • •

굿 카르마의 조언
당신을 잊은 사람은 잊어라.

Four of Swords
소드 4

그만하고 쉬어라 · 명상하라 ·
정도를 지나친 생각, 혹은 일, 무엇이든
거기서 벗어나라

우주로부터 '진단서'를 받는 것과 같은 이 카드는 당신에게 잠시 일을 멈추고 휴식을 취하라고 조언합니다.

소드 4 카드는 휴식이 필요하다는 암시입니다. 신체적 휴가라면 더할 나위 없겠지만, '정신적 휴가'라도 도움이 될 거예요. 무슨 일을 과하게 하고 무슨 생각을 지나치게 하고 있었든지 지금은 멈추고 휴식을 취할 때입니다. 명상, 휴식, 사색, 반추, 이것이 하루의 순서입니다. 목적 있는 행동은 '하지 마세요.' 산다는 건 소모적인 일이죠. 우리는 모두 가동하지 않는 시간이 필요합니다. 빈 주전자에서는 물을 얻을 수 없는 법, 이제는 비축량을 회복해야 합니다. 이 충고를 흘려버린다면, 삶은 휴식이 필요하다며 계속 당신을 쿡쿡 찌를지도 몰라요. 세게, 당신이 새겨들을 때까지 점점 더 세게요.

소드 4 카드가 사람을 나타내는 경우, 그는 쌍둥이자리나 천칭자리, 물병자리와 같은 공기의 별자리 태생일 거예요. 어쩌면 육체적으로, 그리고 감정적으로 약간 거리를 둬야 할 사람일지도 모릅니다. 당신의 인간관계를 떠올려 보고 당신이 최근 지나치게 정성을 쏟고 있는 사람은 없는지 파악해 보세요.

• • • •

많은 타로 덱에서 소드 4 카드에는 무덤 위에 누워 있는 기사가 그려집니다. 그는 기도를 드리며 생각에 잠겨 있어요. 주의 집중을 상징하는 검 하나가 기사의 밑에 있고, 나머지 세 개의 검은 기사의 위쪽에 걸려 있습니다. 그는 전투를 멈추고 꼭 필요한 공백기를 가지고 있죠. 당신도 그러는 게 좋아요.

• • • •

굿 카르마의 조언
지칠 때는 포기하지 말고 쉬는 법을 배워라.

Five of Swords
소드 5

당신은 골치 아픈 상황에 휘말렸고 점점 더 곤란해지고 있습니다. 음흉하거나 야만적인 행동을 통한다면 억지로 승리를 거머쥘 수는 있겠으나, 그렇게 얻은 승리의 맛은 달지 않을 것이고 결국에는 반갑지 않은 반발을 자아내게 될 수도 있습니다.

이 카드는 당신에게 잠시 멈춰 서서 이 문제를 곰곰이 생각해 보라고 조언합니다. 당신이 얼마나 화가 났고, 반격하는 것이 얼마나 당연한지와 상관없이 피해를 최소화하기 위해 노력하는 것이 가장 올바른 조치 방법이에요. 여기서 중요한 요령은 가능한 한 다치지 않고 몸성히 빠져나가서 후일 다시 싸울 준비를 하는 거죠. '미래의 당신'이 후회하게 될지도 모를 일은 하지 마세요. 나쁜 업보를 쌓으면 안 돼요. 시나리오를 게임처럼 보고 침착하게 계획을 세운 다음, 객관적으로 실행하세요. 출구를 향해서! 당신은 극복할 수 있어요.

소드 5 카드가 사람을 나타낸다면, 그는 쌍둥이자리나 천칭자리, 물병자리와 같은 공기의 별자리 태생일 가능성이 높아요. 이 사람은 당신과 갈등 중인 사람일 것으로 예상되고, 솔직히 말하자면 가능한 한 빨리 그 사람에게서 벗어나는 게 좋아요!

• • • •

보통 소드 5 카드에는 땅에서 세 자루의 검을 줍고 있는 수상쩍어 보이는 남자가 그려집니다. 그는 패배한 듯 보이며 떠나고 있는 두 남자를 주시하죠. 땅에 떨어져 있는 두 자루의 검은 전투의 흔적입니다. 컴컴하고 눈보라가 몰아치는 하늘은 비록 싸움은 끝났지만 누구도 평온하거나 괜찮지 않음을 암시합니다.

• • • •

굿 카르마의 조언
*적을 물리치는 최고의 방법은
당신의 성공이다.*

Six of Swords
소드 6

> 떠나야 할 시간이다 · 당신은 다음 단계를
> 밟을 준비가 되어 있다 · 부담과 앙금,
> 나쁜 기억들을 훌훌 털고 나아가라

이 카드는 당신을 어서 현재의 환경에서 도약해 뛰어오르고, 탈출해서 떠나게 하려는 우주의 거대한 개입입니다. 당신은 준비되어 있어요.

소드 6 카드는 이동, 여행, 역할 변경, 가정이나 책임의 변화를 상징하며, 이것들 모두 어떻게든 벌써 행해졌어야 하거나 시일이 오래 걸리고 있는 상태입니다. 당신은 지금까지 이 상태를 벗어나는 것을 받아들이지 않았지만, 이제는 그래야 한다는 사실을 부정할 수 없습니다. 현재의 상황에서 벗어나 대담하게 도약하세요. 슬프거나 괴롭지는 않을 것이며, 그 자체로 카타르시스가 느껴지고 치유되는 기분이 들 거예요.

소드 6 카드가 사람을 나타낸다면, 그는 쌍둥이자리나 천칭자리, 물병자리와 같은 공기의 별자리 태생일 가능성이 높아요. 머지않아 당신이 뒤에 남겨두고 떠나야 할 사람이죠. 우리는 모두 성장해서 관계를 벗어나게 될 때가 있어요. 그리고 지금도 그렇습니다.

• • • •

소드 6 카드는 전통적으로 보트에 앉아 호수나 바다를 노 저어 건너는 여자와 아이를 보여줍니다. 여자의 머리는 가려져 있고, 그녀는 후회하고 있어요. 아이는 위로받고 싶어서 여자에게 바싹 다가앉았죠. 보트에 세워진 여섯 자루의 검은 두 사람이 과거로부터 추억이나 마음의 응어리를 지니고 오는 것을 상징해요. 그래도 눈앞의 바다는 평화롭고 잔잔합니다. 더 좋은 날들이 올 거예요. 이 이동은 옳은 선택이었습니다.

• • • •

굿 카르마의 조언
*인생은 용기 있게
작별의 안녕을 고하는 자에게
새 시작의 안녕으로 보답한다.*

Seven of Swords
소드 7

신중을 기하라 · 의심스럽다면 하지 마라
· 지금 당장은 내 생각을 드러내지 마라

능수능란한 책략가, 소드 7 카드입니다. 이 카드는 당신에게 신중하고 조심스럽게 행동하고, 당장은 자신 외에는 누구도 믿지 말라고 충고합니다.

이 카드를 뽑는다면, 아마 당신은 부정 거래의 대상이 될 수도 있습니다(아니면 당신 스스로 그런 짓을 저지르고 싶은 충동이 생길지도 몰라요!). 우리 중 누구도 완벽하지 않습니다. 어두운 곳으로 향하는 통로는 보통 번지르르한 의도로 포장되어 있고, 지름길은 대개 매력적으로 보이죠. 하지만 지금은 유혹에 굴하거나 나쁜 행동에 빠지고, 완전히 신뢰할 수 없는 사람들에게 자신을 노출할 때가 '아니'에요. 신중을 기해야 합니다. 이 기운에 휩쓸리지 말고 그것이 당신에게 아무 영향도 주지 않고 스쳐 지나가게 두세요. 두 손 놓고 가만히요!

소드 7 카드가 사람을 상징하는 경우, 그는 쌍둥이자리나 천칭자리, 물병자리와 같은 공기의 별자리 태생일 가능성이 큽니다. 이 사람은 예의 주시해야 하며, 어쩌면 거리를 둬야 할 사람일 수도 있습니다. 당신이 최선의 이익을 얻는 것을 모든 사람이 바라지는 않거든요.

• • • •

대개 이 카드는 다섯 자루의 검을 품에 안고, 이 영지에서 몰래 빠져나가는 남자를 보여줍니다. 그의 시선은 뒤에 두고 온 두 자루의 검에 가 있죠. 별다른 제지 없이 빠져나온 데에 기뻐하고 있다는 걸 암시하듯, 남자는 음흉하게 미소 짓습니다. 그는 못된 짓을 하고 있고, 그것이 이 카드의 에너지인 음흉하고 기만적이며 의심스러운 기운입니다.

• • • •

굿 카르마의 조언
모사꾼은 결국 제 꾀에 제가 넘어간다.

Eight of Swords
소드 8

'다 끝났다'는 생각을 멈추고
주도권을 잡아라 • 자신을 제어하거나
방해하는 것이 뭔지 인지하라 • 상황을
바꾸기 위해 사고방식을 전환하라

이 카드는 당신이 판에 박힌 일상에 들어가거나 스스로 '마음의 감옥'에 빠지지는 않았는지, 자신의 부정적이고 자기 제한적인 신념에 갇히진 않았는지 묻습니다. 이는 우리 모두가 인생에서 만나게 되는 과정이며, 이를 벗어나기 위한 첫 단계는 인정입니다.

이 카드가 나온다면, 당신은 깊숙이 박혀 꼼짝 못하는 듯한 기분이 들 거예요. 나쁜 소식은, 여기까지 오는 데 시간이 조금 걸렸고, 앞으로 회복하는 데에도 역시나 시간이 좀 걸릴 수 있다는 것입니다. 좋은 소식은, 이것이 대부분 당신의 재능 안에서 해결되는 일이라는 것이죠. 당신은 변화를 갈망하고 있으면서도, 장벽으로 작용하면서 당신을 제자리에 고정시키는 외부 세계에 내면의 공포나 불안을 투영합니다. 변화는 내면에서, 사고방식에서부터 시작됩니다. 고통에 대한 모든 감정에 저항하는 것에 전념하며 당신이 어디에 자신을 가둬두고 있는지 깨달아야 해요.

만약 소드 8 카드가 사람을 나타낸다면, 그 사람은 쌍둥이자리나 천칭자리, 물병자리와 같은 공기의 별자리 태생일 것입니다. 그 사람은 잠재적으로 부정적인 존재로, 가까운 사람들의 행동을 통제하거나 방해하는 것을 좋아하는 사람이죠. 거기서 벗어나세요!

• • • •

전통적으로 이 카드는 눈가리개를 하고 묶여 있는 여자를 보여줍니다. 그녀를 에워싸고 가두고 있는 여덟 자루의 검은 앞으로 나아가지 못하게 막는 제한적인 사고방식을 상징하죠. 여자의 발치에 고인 물은 지금 그녀의 감정이 논리적인 생각보다 더 유용할 수도 있음을 암시해요.

• • • •

굿 카르마의 조언
삶을 변화시키고 싶다면,
먼저 사고방식을 바꿔야 한다.

Nine of Swords
소드 9

당신의 마음을 괴롭히는 것을 대면하라 •
당신의 걱정거리를 상세히 따져보라 •
비밀을 털어놓아라. 안 그러면 안에서
곪아 터질 테니

소드 9 카드는 위험 신호를 알리는 '붉은 깃발' 과 같아서 여태까지 다른 사람들이나 자기 자신으로부터 숨겨왔던, 당신이 대면해야 하는 문제나 사건, 걱정거리를 의식하게 합니다.

우리가 어떤 일을 마음에 담아두면, 그것은 안에서 점점 커지고 추해지며 지나치게 부풀어올라서, 그 상태로는 거의 다루기 불가능해집니다. 소드 9 카드는 당신이 이렇게 하면서 최악을 상상하는 시나리오와 수치스러운 기억, 끔찍한 불안감으로 자신을 괴롭혀 왔음을 암시합니다. 이제 멈춰요. 여기서 요령은 말짱한 정신으로 모든 걸 다 끄집어내고 털어놓는 것입니다. 대부분의 두려움은 사라질 거예요(어떤 것은 당신의 상상으로 만들어졌기 때문에 완전히 사라지겠죠). 그리고 나머지 것들도 균형 잡힌 시각으로 보면, 그것을 해결하기 위해 무엇을 해야 할지 명확히 알 수 있게 될 것입니다.

소드 9 카드가 사람을 가리킨다면, 그는 쌍둥이자리나 천칭자리, 물병자리와 같은 공기의 별자리 태생일 것입니다. 이 사람은 당신이 문제를 해결하는 데 필요한 도움을 얻기 위해 지금 당장 의지해야 할 친구일 수도 있어요. 어쩌면 그 사람이 문제의 근본 원인일 수도 있고요. 당신은 알 거예요.

• • • •

전통적으로 소드 9 카드는 병상의 여자를 나타냅니다. 그녀는 두 손으로 머리를 감싸 쥐고 있으며, 마치 지독한 악몽에서 깨어난 것 같은 모습입니다. 뒤의 벽에는 아홉 자루의 검이 걸려 있고, 이것은 그녀의 마음을 짓누르는 심각한 두려움과 걱정을 상징하죠. 여자는 불안감에 어깨가 무거워요.

• • • •

굿 카르마의 조언
*걱정은 기쁨만 훔쳐가고
아무것도 하지 못하게 정신을 쏙 빼놓는다.*

Ten of Swords
소드 10

[
손해는 그만, 손을 떼라 • 이 상황의 진상을
파악하라 • 거기서 당신이 맡은 역할을
인정하고 실수를 만회하라. 그런 다음
당당하게 앞으로 나아가라
]

이 카드는 소드 슈트의 여정에서 마지막 카드로, 결말과 종결을 상징합니다. 소드 10 카드는 강인하고 쉽게 휘둘리지 않는 사람입니다. 그는 당신의 인생에 불쑥 뛰어들어 당신에게 당신이 품고 있던 망상이나 오해를 벗어던지고 고통스러운 상황, 나쁜 점들까지 모두 있는 그대로 직시하라고 설득합니다. 당신이 행동을 취하고 이 상황을 마무리할 때까지 카드는 당신을 혼자 남겨두지 않을 거예요. 손해 보는 일에서 손을 떼세요. 선을 긋고, 남겨두고, 그만하고, 떠나요. 견뎌봤자 고통만 더욱 커질 뿐이니까요. 균열과 결함은 얼마간 이 상태로 나아지지 않을 것입니다. 그러니 이 갈등과 교착 상태를 끝내는 건 이제 당신 몫이죠. 그렇게 한다면 최악의 상황은 끝날 거예요. 상처를 회복하고 반성한 다음, 새롭고 생생한 에너지를 다시 받아들일 수 있게 되겠죠. 더 이상 미루지 마세요.

만약 소드 10 카드가 사람을 나타낸다면, 아마 그는 쌍둥이자리나 천칭자리, 물병자리와 같은 공기의 별자리 태생일 거예요. 이 사람은 부정적인 존재이므로 가능한 한 빠르게 그들에게서 벗어나야 합니다.

• • • •

보통 소드 10 카드는 열 자루의 검이 등에 꽂힌 채로 엎드려 있는 남자를 묘사합니다. 어두운 하늘이 결말을 나타내는 데 반해, 지평선에 떠오르는 태양은 새로운 희망을 가져오죠. 평화로운 바다는 이 갈등의 진상을 대면하면서 되찾은 평온과 위안을 암시합니다.

• • • •

굿 카르마의 조언
동트기 전이 가장 어둡다.

Page of Swords
소드의 페이지

자신을 믿어라 · 아이디어를 현실화하기
위해 전념하라 · 지금 시작하라

이 카드는 당신의 아이디어를 실현하라는 청신호예요! 우주가 뒤를 밀어주고 있는데 대체 왜 망설이는 거죠? 마음을 정하고 힘을 다해서 실행하면 끝! 이제 구름에서 내려 현실로 돌아오세요.

아마도 지금은 약간 상황이 정신없게 느껴질 거예요. 아이디어와 기회가 너~~~무 많아서 어느 쪽을 택해야 할지 알기 어려울 테니까요. 거의 압도되어 버린 기분이 들지도 모르죠. 어쩌면 이 꿈을 실현하기 위해 꼭 있어야 할 기술이나 자원을 가지고 있지 않아서 걱정이 될 수도 있습니다. 글쎄, 해보지 않으면 절대 알 수 없는 거죠. 그리고 모든 것은 일련의 과정이라는 것을 명심하세요. 갑자기 즉흥적으로 하룻밤 사이에 일어나는 일도, 시작부터 완벽한 일도 거의 없습니다. 발견의 과정에 전념하세요.

소드의 페이지가 사람을 상징하는 경우, 그는 쌍둥이자리나 천칭자리, 물병자리와 같은 공기의 별자리 태생일 가능성이 높아요. 그 사람은 당신보다 어리거나 왠지 덜 어른스럽고, '피터 팬' 타입의 인물일 것으로 예상됩니다. 옆에

있으면 어마어마하게 재미있고 영감이 가득하지만, 그리 믿을 만하지는 않죠.

• • • •

전통적으로 소드의 페이지는 검을 하늘로 겨누고 서서 영감을 받고 있는 젊은 남자를 묘사합니다. 그는 하나의 과정에 전념할 수 없는 사람처럼 또 다른 일이 벌어지지 않는지 주변을 두리번거립니다. 살랑거리는 바람이 느껴지는 하늘과 구름은 이 장면에 역동적인 에너지를 부여합니다. 푸르고 비옥한 땅은 페이지가 자신의 생각을 현실로 만들 수 있음을 암시하죠.

• • • •

굿 카르마의 조언
아이디어를 내는 건 문제가 아니다.
그것을 실행하는 것이 중요하다.

Knight of Swords
소드의 나이트

감정이 아니라, 이성이 필요한 시간이다 · 인정사정없이 야망을 좇아라 · 남에게 짓밟히지 마라

소드의 나이트는 야심만만하고 무자비하며, 합리적이고 열정이 넘칩니다. 그는 자신이 바라는 바를 알고, 어떤 대가를 치르더라도 목표를 이루죠.

이 카드가 나온다면, 당신은 단호하고 열성적인 사람의 속박하에 있을지도 모릅니다. 처음에는 당신도 그의 에너지가 좋았지만, 지금은 더 통제가 심해지고 광적인 느낌이 들죠. 조심하세요.

또한 카드는 당신이 (그저 일시적으로) 스스로 그런 류의 역할을 해야 한다는 신호일 수도 있습니다. 촌각을 다투는 전투가 다가오고 있고, 거기에는 날카로운 사고와 강력한 욕망이 필요합니다. 둘 중 어느 쪽이든 이 카드에는 희로애락이나 깊은 감정을 가질 만한 여유가 거의 없으며, 중요한 것은 다가올 일에 대한 이지적이고 결연한 집중뿐이에요.

소드의 나이트가 사람을 나타낸다면, 그는 쌍둥이자리나 천칭자리, 물병자리와 같은 공기의 별자리 태생일 것입니다. 이 사람은 강하고 난폭한 불덩어리예요. 당신이 같이 힘을 합쳐 성공할 수 있는 사람, 아니면 당신을 발밑에 두고 깔아뭉갤 사람. 이 사람은 어떤 타입의 야심가일까요?

• • • •

전통적으로 소드의 나이트 카드는 말을 탄 기사가 검을 높이 들고 앞으로 돌진하는 모습을 보여줍니다. 이는 목표를 향한 열정적인 헌신을 상징하죠. 배경에는 먹구름이 뚜렷하고 나무들은 바람에 휘어집니다. 그 가운데 무엇도 나이트가 열렬히 앞으로 내달리는 것을 늦추지 못해요. 아무것도 그를 방해할 수 없습니다.

• • • •

굿 카르마의 조언
매일매일 당신 인생의
반짝이는 주인공은 당신이어야 한다
(그렇지 않으면 다른 사람의 인생에서 조연 역할이나
맡는 것을 감수하게 될 테니까).

Queen of Swords
소드의 퀸

[
헛소리는 치워라 · 관계는 명확하고
간결하게 · 엄한 사랑이 필요하다
]

소드의 퀸은 지혜와 진리의 간단명료하고 엄격하며, 확실하고 간결한 상징입니다. 이는 당신이 지니고 있거나 취해야 할 삶의 태도이죠.

이 카드가 나온다면, 당신은 진상을 파악하고 행동을 취해야 합니다. 문제를 회피하면 안 돼요. 있는 그대로 보고 그 진실을 기반으로 대응하세요. 거짓이나 오해로는 어떤 유용한 일도 할 수 없어요. 과정을 거치는 동안 유머감각을 잃지 않도록 하며, 다른 사람들의 역할에 대해 잣대질하지 마세요. 우리 중에 허물이 없는 사람은 없고, 다들 결점이 있습니다. 그걸 인정하고 문제를 해결하세요.

소드의 퀸이 사람을 나타낸다면, 이 사람은 아마 쌍둥이자리나 천칭자리, 물병자리와 같은 공기의 별자리 태생일 것입니다. 그녀는 당신보다 약간 나이가 많을 것이고, 극도로 기민하고 예리한 사람일 거예요. 어쩌면 상사나 멘토, 테라피스트, 친인척일 수도 있겠습니다. 그녀는 인정사정없지만, 그건 다 선의에서 비롯한 것입니다. 당신은 그녀를 믿고 속마음을 털어놓으면 돼요. 그녀라면 그것이 진짜 어떤지 얘기해 줄 거예요.

• • • •

역사적으로 소드의 퀸은 아기 천사(그녀의 더 여린 면을 암시)와 나비(변화를 상징)가 장식된 돌로 만든 왕좌에 앉습니다. 여왕은 정면을 바라보고 오른손에 검을 높이 들고 있는데, 이는 진리의 추구를 나타냅니다. 축적된 구름과 나무 사이로 지나는 강한 바람은 끝나지 않는 변화와 흐름을 상징합니다.

• • • •

굿 카르마의 조언
지혜의 서에서 첫 번째 장은 정직이다.

King of Swords
소드의 킹

**큰 그림을 보라 · 당신의 궤도를
논리적으로 되돌아보라 · 이지와 직감을
적절히 병용하라**

왕의 에너지는 논리적이지만 본능적인 직감도 섞여 있습니다(그는 자신을 믿을 만큼 충분히 현명하죠). 그는 공정하면서도 냉담합니다. 이 카드는 당신 주위의 인물을 가리킬 수도 있고, 상황을 더 지적이고 사리에 맞게 처리하라는 조언일 수도 있습니다.

저는 이 왕이 마치 독수리처럼 소음과 열기 위를 높이 날고 있다고 생각합니다. 그는 이 유리한 위치에서 멀리까지 내다볼 수 있고 자신의 궤도가 어디로 향하는지 보면서 제 모습을 미래에 투영해 볼 수도 있죠. 여기 감정이 설 자리는 없습니다. 중요한 건, 당신이 어디에 있고 어디를 향하고 있는지 명민하게 전반적으로 조망하며 큰 그림을 이해하는 것뿐이죠. 소드의 킹이 지닌 시야를 이용해 당신 인생의 궤도를 설계하세요. 그는 당신이 당신의 야망을 최우선으로 삼고 그것을 성취하는 방법에 대해 이성적으로 판단하길 바라고 있습니다.

만약 소드의 킹이 사람을 나타낸다면, 그는 쌍둥이자리나 천칭자리, 물병자리와 같은 공기의 별자리 태생일 가능성이 높습니다. 이 사람은 요령이 풍부하고 믿을 만한 권위가 있으며 지혜롭습니다. 당신에게 조언을 줄 수 있어요. 그는 당신이 도움을 필요로 하는 분야의 전문가일지도 모릅니다.

• • • •

대부분의 타로 덱에서, 소드의 킹은 왕좌에 앉아 오른손에 검을 들고(이성적 사고를 의미) 왼쪽 위를 겨누고(직관적 사고를 암시) 있습니다. 왕은 이성적이지만, 자신의 직감에도 주의를 기울일 수 있을 만큼 융통성이 있고 현명하죠. 왕좌의 등받이에는 나비(변화를 상징) 문양이, 그중 왼쪽 귀 가까이에는 천사 문양이 장식되어 있습니다. 어쩌면 이 천사는 그에게 지혜의 말을 속삭이고 있는지도 몰라요.

• • • •

굿 카르마의 조언
야망이 없는 지성은 날개 없는 새와 같다.

Ace of Coins
코인 에이스

오랜 시간에 걸친 작은 걸음들이 당신을
멀리 가게 해주리라 • 스스로에게 투자하라
• 당신이 바라는 생활 방식으로 살고 있는
'미래의 당신'을 상상하라

에이스 카드는 새로운 시작을 의미하고, 그중 코인 에이스는 건강, 돈, 직업, 집, 자산과 소유물처럼 모두 당신의 물질적인 세계와 물리적 성질에 관련되어 있습니다. 코인은 다른 슈트보다 느린 에너지를 지니므로, 여기서의 조언은 보통 갑작스러운 변화보다는 장기적인 계획이나 지속적인 과정에 대한 것이죠.

이 카드는 바로 지금 당신에게 생긴 개선의 기회가 긍정적인 것임을 암시합니다. 일이 진행되는 과정에서 열매를 보게 될 것이므로, 투자하는 것이 좋아요. 당신이 그 과정을 열심히 계속하기만 하면, 작은 걸음들이 당신을 멀리, 멀리 갈 수 있게 해줄 것입니다. 물질적, 물리적 세계에서 당신이 성취하고 싶은 것을 마음속에 그리고 오늘 첫걸음을 시작하세요.

코인 에이스가 사람을 가리키는 경우, 그는 처녀자리나 황소자리, 염소자리와 같은 흙의 별자리 태생일 가능성이 높습니다. 이 사람은 당신의 목표 실행을 도와줄 멘토나 친구일 수도 있고, 함께 성공을 이룰 파트너일 수도 있죠.

• • • •

전통적으로 코인 에이스 카드는 구름으로부터 뻗어나와 커다란 동전을 쥐고 있는 손을 묘사합니다. 마치 부와 물질적인 세계에 연관된 이 새로운 기회가 난데없이 불쑥 나타나 지금 당신에게 주어지는 것 같은 모습입니다. 보이는 경치가 풍요롭고 비옥합니다. YES라고 말하세요! 이 기회는 성취감과 보람을 안겨줄 것입니다.

• • • •

굿 카르마의 조언
끊임없이 떨어지는 물방울이 바위를 뚫는다.

Two of Coins
코인 2

다양한 경험이 인생의 묘미를 더한다 ·
당신은 움직이는 많은 부분의 총합이다 ·
당신은 이 모든 것을 할 수 있고 해야 한다

코인 2 카드는 삶이 분주해지면서(정신없을 정도는 아니더라도) 나타나는 카드입니다. 이것은 다양성, 멀티태스킹, 다중 우선순위와 헌신을 상징하며, 이 모든 것은 당신이 하길 바라는 것입니다. 자, 빨리 움직이세요!

이 카드가 나타난다면, 당신은 유연하고 융통성이 있게, 역동적으로 움직여야 할 거예요. 그래요, 당신 바쁘죠. 예, 할 일이 너무 많고… 그렇지만 그렇지 않으면 어땠을 거 같아요? 바쁜게 좋죠. 이 도전과 활동 모두 진짜 당신이 좋아하는 것들이고, 합쳐지면 당신의 세상이 최고 수준으로 다양해질 거예요.

이 카드는 당신이 단순히 하나의 주요 역할을 담는 것과는 반대되는 경력 포트폴리오(투잡 또는 N잡)를 생각해야 한다는 암시일 수도 있습니다. 당신의 진짜 유일무이한 자신을 모든 면에서 표현할 수 있도록 해줄 다양한 일들을 담는 거죠. 우리는 움직이는 부분들의 총합이며, 하나의 역할이 언제나 그 모든 것을 충족시킬 수는 없습니다. 가끔은 이런 접근 방식이 경력에 넣고 싶은 것(그리고 그렇지 않은 것)을 빠르게 익

히는 최선의 방법이며, 더 다양한 분야를 다루는 것은 광범위한 인맥 네트워크를 신속히 구축하는 데 도움이 되기도 합니다.

코인 2 카드가 사람을 나타낸다면, 그는 아마 처녀자리나 황소자리, 염소자리와 같은 흙의 별자리 태생일 것입니다. 분명히 말하기는 어렵겠지만, 이 사람과 함께 시간을 보낼 때 이런저런 일들이 막 생겨요! 그런 시간을 내는 것에 우선순위를 두세요.

• • • •

많은 타로 덱에서 코인 2 카드는 동전 두 개로 저글링하면서 춤추는 남자를 보여줍니다. 동전을 연결하는 무한대 기호는 그가 시간과 에너지, 자원을 효율적으로 운영하기만 하면 일들을 무한정으로 처리할 수 있음을 암시합니다.

• • • •

굿 카르마의 조언
바쁨은 새로운 행복이다.

Three of Coins
코인 3

네트워크, 네트워크, 네트워크 • 영향력
있는 사람들에게 깊은 인상을 남기기 위해
노력하라 • 당신 고유의 재능에 어울리는
장소를 찾아라

보통, 임금 인상이나 승진, 뜻밖의 횡재, 새로운 역할, 일자리 제의 등, 좋은 일들이 한창 진행 중일 때 이 카드가 나타납니다. 누군가 당신의 재능과 성실함에 주목하게 되어 당신의 출세를 돕고 싶어 해요!

지금 당장 당신이 쌓아온 경력의 모든 기회와 가능성을 이용하세요. 목표는 높게 잡고 자기 자신을 믿으며 영향력 있는 사람들에게 최선의 모습을 보여주세요. 당신은 인정받고 보상받게 될 것이며, 그건 너무나도 당연한 일입니다. 이 카드는 당신의 재능에 어울리는 집을 찾는 것, 당신이 자신의 분야에서 필요한 요건을 갖추고 있고 발전하기를 원한다는 것을 깨닫는 것에 대해 이야기합니다. 따라서 당신이 무엇을 아느냐 만큼 누구를 아는지도 중요하기 때문에 인적 네트워크를 구축하고, 키우고, 확장하도록 하세요. 그리고 그곳에 나가 깊은 인상을 남기세요.

만약 코인 3 카드가 사람을 나타낸다면, 그는 처녀자리나 황소자리, 염소자리와 같은 흙의 별자리 태생일 가능성이 높습니다. 이 사람은 당신의 관심사와 야망을 발전시키는 데 도움을 줄 수도 있습니다. 어쩌면 채용 담당자나 상사, 멘토 또는 사업가일지도 몰라요.

• • • •

역사적으로 코인 3 카드는 대성당에서 일하는 젊은 석공을 묘사합니다. 건축가 두 사람은 야심 찬 설계도를 들고 있습니다. 석공은 일의 진척을 상의하고, 두 사람은 그의 견해와 전문성을 가치 있게 여기죠. 모든 사람이 대성당 건설이라는 더 큰 목표에 공헌하고 있어요. 이것은 모두가 합심해서 하는 일입니다.

• • • •

굿 카르마의 조언
야망은 목적 있는 열정이다.

Four of Coins
코인 4

틀에 갇힌 생활 • 최악의 두려움이 아닌
최선의 희망을 따르라 • 시간과 에너지,
자원을 아낌없이 더 내놓으라

우리는 스스로에게 최악의 적이 될 수 있습니다. 특히 최선의 희망이 아닌 최악의 두려움이 우리의 결정과 관점을 이끌게 할 때 더욱 그렇죠. 코인 4 카드는 당신이 그런 틀에 빠져들고 있으며 이런 부정적인 생각과 수동적인 태도에서 벗어나야 한다고 넌지시 알려줍니다.

이 카드는 우주가 보내는 직접적인 메시지입니다. 당신이 '성장통'을 겪고 있지만 해결하거나 바꿔보려고 하지 않고 내버려둔 부분이 어디인지 찾으라고 하는군요. 거기가 일이 시작되어야 할 지점입니다. 불행이 일어날 위험성과 미지에 대한 두려움, 결핍의 문제와 평정을 잃지 않고자 하는 욕구는 모두 우리가 긴 시간 자라온 환경과 역할에 우리를 계속 붙들어 둘 수 있어요. 하지만 그다지 용기가 나지 않더라도, 꽉 움켜쥔 주먹을 풀고 움직여야 합니다. 당신이 느끼는 것보다 더 대담하게 행동하세요.

만약 코인 4 카드가 사람을 가리킨다면, 그는 아마 처녀자리나 황소자리, 염소자리와 같은 흙의 별자리 태생일 것입니다. 이 사람은 변화를 두려워하고 자신의 시간과 에너지, 자원을 방출하는 것을 꺼리죠. 당신도 여기서 시간을 허비하고 있는지도….

• • • •

많은 타로 덱에서 코인 4 카드는 고향에서 벗어나, 의자에 앉아 있는 남자를 보여줍니다. 그는 동전을 잃어버릴까 봐 걱정되는 것처럼 그것을 꽉 움켜쥐고 있어요. 다른 동전을 머리 위에 올려두고 균형을 잡으며 영혼과 이어지는 것을 차단하고, 발아래에 동전 두 개를 둡니다. 남자는 다른 모든 것을 잃어가며 돈에 집착하고, 가진 것을 잃을까 봐 자리에서 움직일 수 없죠. 그는 꼼짝도 할 수 없습니다.

• • • •

굿 카르마의 조언
사랑과 풍요를 원한다면
그것을 나눠라.

Five of Coins
코인 5

일어난 일을 해결하고 넘어가라 · 치유하고
활기를 되찾을 시간 · 도움을 청하라

타로에서 냉정한 카드 중 하나지만, 최악의 상황은 끝났고, 당신이 여전히 어떤 아픔을 느끼고 있든, 어느 정도는 당신이 거기 남아 있으려하기 때문에 그런 것이라고 말하는군요.

뭔가 나쁜 일이 일어났거나 상실을 경험했을 때, 코인 5 카드가 나타납니다. 그것은 끔찍했고, 부인할 수도 없지만, 이제 끝난 일입니다. 자신을 비난하고 도움을 거부하며, 현실을 부정하고 고통 속에 침잠하면서 구하려는 시도를 비켜가는 등, 이 모든 게 지금 당신이 하고 있는 위험한 행동들이에요. 고통에서 벗어나기보다는 그 안에 계속 남아 있으려 하죠. 일부러 나쁜 상황에 갇히거나 과거를 돌아보지 마세요(보는 방향으로 가게 되니까요). 앞으로, 그리고 위로 가세요, 나의 친구.

코인 5 카드가 사람을 나타낸다면, 그는 아마 처녀자리나 황소자리, 염소자리와 같은 흙의 별자리 태생일 것입니다. 이 사람은 당신에게 아픔을 줬거나 앞으로 줄지도 모를 가능성이 있어요. 피해야 해요.

• • • •

흔히 코인 5 카드에서는 겨울바람을 뚫고 걸어가는 두 사람이 그려집니다. 둘은 모두 빈곤하고 불행하죠. 한 사람은 목발을 짚고, 다른 사람은 맨발입니다. 그들의 뒤에는 불빛이 환하고 아늑하게 보이는 교회(희망과 구원의 상징)가 있지만, 두 사람은 자신들의 역경에 너무 집중하느라고 위로의 불빛을 보지 못하고 도움 없는 비참한 여정을 계속하죠.

• • • •

굿 카르마의 조언
오늘의 투쟁으로 내일을 위한 힘을 준비한다.

Six of Coins
코인 6

> 너그러운 사람이 되어라. 호의를 베풀고
> 칭찬을 하며 다른 이들을 지지하라 ·
> 당신의 부를 이용해 긍정적인 변화를
> 일으켜라 · 당신의 재물을 나눠라

이것은 문자 그대로 '굿 카르마(선한 업보)'의 카드입니다. 너그럽게 행동하고 가능한 한 많이 무작위적인 선행에 투자하라고 말하죠. 카드는 당신이 재정적, 물질적인 안정을 찾았고 그 풍요를 타인과 나누는 위치에 있으며 그리하여 더 많이 끌어모으게 됨을 암시합니다. 우주는 너그러움에 보답하니까요.

우리가 우리의 시간이나 에너지, 자원을 아낌없이 쏟을 때, 우주는 그 에너지를 받아 변형시켜서 마법 같은 놀라운 일들로 우리에게 돌려줍니다. 우리가 너그럽게 행동하면, 우주는 우리를 너그러움과 관련해 떠올리고 우리에게 더 많은 것을 베풀죠. 이것이 '선한 업보의 순환(good karma cycle)'입니다. 충만한 삶을 살고 자신이 가까워지고 싶던 존재가 되며, 우주에 너그러움의 '신호'를 보내고 전에 없던 새로운 행운과 기회가 당신의 삶 속으로 흘러드는 것을 보세요.

만약 코인 6 카드가 사람을 나타낸다면, 처녀자리나 황소자리, 염소자리와 같은 흙의 별자리 태생일 가능성이 높습니다. 그들은 당신이 너그럽게 대해야 하거나, 당신에게 그것을 베풀 사람입니다.

• • • •

보통 코인 6 카드는 호화로운 옷을 입은 남자가 자신의 발치에 무릎을 꿇고 있는 두 명의 거지에게 동전을 나눠주는 모습을 보여줍니다. 그는 왼손에 평등을 상징하는 저울을 들고 있죠. 이 남자는 부유하고 풍족하며, 주저하지 않고 선뜻 자신의 재물을 타인과 나누면서 선한 업보의 순환을 영속시킵니다.

• • • •

굿 카르마의 조언
풍요는 자유의 마음과
너그러움의 얼굴을 하고 있다.

Seven of Coins
코인 7

이 카드가 나온다면, 당신이 인생의 갈림길에 도달했다는 의미입니다. 잠시 멈춰 서서 지금까지 지나온 길과 앞으로 일어날 일을 곰곰이 생각해 볼 때죠. 당신은 그동안 열심히 일해왔고 크게 발전했으며 대가도 벌었지만, 어쩌면 이제는 변화가 필요하지 않을까요?

당신이 이미 무언가에 혹은 누군가에 많이 투자해 왔다고 해서 앞으로도 계속 똑같이 해야 하는 건 아니죠. 우리는 자유롭게 자신의 진로와 궤도를 바꿀 수 있고, 이 카드는 그것에 대해 고려해 볼 때라고 넌지시 알려줍니다. 이제부터는 다른 방향으로 나아갈 수 있어요. 안식 기간을 갖는다든지, 재교육을 받거나 여행을 하고, 직업을 바꾸거나 일을 대체할 수 있는 방법을 찾아봐도 되죠. 당신의 상황을 검토하고 평가해서 다음은 무엇이 좋을지 결정하세요.

코인 7 카드가 사람을 가리키는 경우, 그는 처녀자리나 황소자리, 염소자리와 같은 흙의 별자리 태생일 가능성이 높습니다. 이 사람은 인생행로와 경력 개발에 대해 의견이나 통찰력을 제공할 수 있을 거예요. 그 사람에게 조언을 구해보세요.

• • • •

대개 이 카드는 괭이에 기대어 서서 자신의 농작물을 가만히 바라보고 있는 남자를 보여줘요. 그는 오랫동안 열심히 일해왔고 이제 노동의 결실을 즐길 수 있죠. 남자는 지친 상태이긴 하지만, 아마도 이런 속도와 방식으로 계속 일하는 게 좋은지 생각해 보고 있을 거예요.

• • • •

굿 카르마의 조언
계획을 세우지 않는 것은
실패를 계획하는 것과 같다.

Eight of Coins
코인 8

열심히 일해야 한다 · 기술을 익혀라 ·
목적을 갖고 집중하라

열심히 일해야 해요! 이 카드는 피곤하거나 그로 인해 불만스럽더라도 눈앞에 있는 것에 전적인 관심과 주의를 기울여야 한다는 메시지와 같습니다. 곧 보상이 있을 거예요. 성공이 아주 가까워졌거든요.

가끔씩 이 카드는 교육과 인생 교훈을 상징하고, 우리에게 완전히 끝이 나는 노력은 결코 없으며, 언제나 할 수 있는 일이 더 있었음을 상기시켜요. 배움을 계속하세요. 계속해서 만들고, 성장하고, 발전하세요. 모든 일이 재미있고 성취감을 줄 거라고는 기대하지 마세요. 가장 창조적인 프로젝트조차도 따분하고 반복을 되풀이해야 하는 요소들이 있으니까요. 그 모든 게 중요하고 필수적인 과정이죠. 쉼 없이 계속해야 합니다. 아직 안 끝났어요.

코인 8 카드가 사람을 가리키는 경우, 그는 처녀자리나 황소자리, 염소자리와 같은 흙의 별자리 태생일 가능성이 높습니다. 이 사람은 믿기 힘들 정도로 성실하고 야심이 넘쳐서, 당신도 뭔가 배울 수 있을 거예요.

• • • •

전통적으로 이 카드는 젊은 남자가 동전 여덟 개를 가지고 열심히 일하는 모습을 묘사합니다. 그는 각각의 동전에 별 모양을 새기고 있어요. 배경에는 작은 마을이 보입니다. 남자는 자신의 일에 집중하기 위해 집이나 친구들과 거리를 두고 있죠. 일을 할수록, 실력이 향상됩니다. 그렇게 결국 장인이 되죠.

• • • •

굿 카르마의 조언
원하는 것이 아니라, 노력하는 것을 얻게 된다.

Nine of Coins
코인 9

장기적으로 계획하라 · 자원을 지혜롭게
활용하고 투자하라 · 살고 싶은 생활
방식을 설계하라

코인 9 카드는 당신의 물질적 부와 안전, 번영을 위한 튼튼하고 정제된 장기 계획을 세우는 것에 대해 이야기하는 카드입니다. 10년간의 직업 계획, 장기적인 투자 포트폴리오, 융자금, 집수리 계획 등 시간이 걸리고 투자해야 하지만 부와 안정성 면에서 후하게 돌려받을 수 있는 그런 것들요.

당신은 노동의 결실을 누려야 마땅하고, 집을 꾸미거나 환경을 개선하기 위해 당신의 자산을 쓸 자격이 있죠. 이 카드는 당신이 이제 이렇게 할 수 있는 상태에 이르렀음(근근이 먹고 살거나 기를 쓰고 아등바등하지 않고)을 나타냅니다. 더 많은 것을 얻기 위해 당신의 물질적인 부를 사용하세요. 당신의 성공을 기반으로 확장해 나가요. 인생이라는 '장기전'을 준비하세요.

코인 9 카드는 통찰력 있고 기민한 별자리와 연결되어 있기 때문에 사람을 나타낸다면, 그는 아마 처녀자리 태생일 거예요. 이 사람은 오랫동안 주변에 있어 왔어요. 당신이 기댈 수 있고, 어쩌면 안내와 지원을 청할 수도 있는 사람이죠.

전통적으로 코인 9 카드에는 호화로운 정원에 서 있는 우아한 여자가 그려집니다. 세련된 옷은 그녀의 지위를 상징하죠. 그녀 뒤에 있는 덩굴에는 포도와 동전이 가득한데, 이것은 그녀의 모든 욕망이 이루어졌음을 나타내요. 왼손에는 머리 장식이 있는 매가 차분하게 앉아 있고, 그녀의 지성과 자제력을 묘사하죠. 저 멀리 배경에 보이는 커다란 집은 그녀의 엄청난 부와 재정적 풍요를 나타내는 또 다른 신호예요. 그녀는 계획적으로 창조한 자기 세상의 주인입니다.

• • • •

굿 카르마의 조언
일은 열심히, 꿈은 크게.

Ten of Coins
코인 10

당신의 유산은 무엇인가? · 자신의 재물과 보상을 향유하라 · 번영과 안전은 나눌 수 있다

이 순간을 만끽하세요. 당신은 열심히 일해서 번 모든 것을 당연히 누릴 자격이 있고 당신이 받은 모든 보상은 공정하고 타당한 것이니까요.

코인 10 카드는 당신이 옳은 일과 옳은 행동을 했고, 현명하게 투자하고 똑똑하게 소비했으며, 이제는 자신의 성에 들어앉아 모든 것을 누릴 수 있다는 보증과도 같아요. 번영을 만끽하고 뿌린 것을 거두며 평온하고 안정적으로 살 때가 됐습니다. 코인 10 카드는 성공적인 일과 행복한 가정, 안전하고 심지어 호화롭기까지 한 집, 그리고 상당한 계좌 잔고를 상징합니다. 부가 물질적인 것만 있는 것은 아니지만, 확실히 돈은 도움이 됩니다. 이 카드는 유산에 대해서도 이야기하는데, 아마 당신이 확고하고 긍정적인 유산을 만들어냈거나, 그 과정을 시작할 때라는 것을 암시하는 것일 거예요. 우리의 삶은 우리 바로 옆에 있는 사람들 이상의 사람들에게 영향을 주기도 합니다.

코인 10 카드가 사람을 나타내는 경우, 그는 처녀자리나 황소자리, 염소자리와 같은 흙의 별자리 태생일 것입니다. 이 사람은 연애나 일, 우정에서 잠재적인 삶의 동반자죠. 그는 참되고 충실한 버팀목이 되어줄 거예요.

• • • •

일반적으로 코인 10 카드는 수를 놓아 장식한 로브를 걸친 노인이 충성스러운 개 두 마리와 함께 앉아 있는 모습을 보여줍니다. 젊은 커플이 어린아이와 함께 서 있습니다. 남자는 부유한 정치가이며 이제 자신의 부와 풍요를 가족과 나눌 수 있는 위치에 올랐죠. 그는 자신이 창조에 도움을 준 유산을 이미 볼 수 있습니다.

• • • •

굿 카르마의 조언
목표는 영원히 사는 것이 아니라,
무언가를 만들어 남기는 것이다.

Page of Coins
코인의 페이지

100퍼센트 전념하라 · 연구하라. 배우고
익히며 도움을 구하라 · 무엇을 하든
목적을 가지고 집중하라

저는 보통 이 카드를 타로 덱의 '학생'이라고 생각해요. 새롭고 궁극적으로 보람 있는 무언가를 배우거나 시작하기 위해 시간과 에너지를 쏟아부을 준비가 된 젊고 성실한 사람이죠.

성실하고 믿을 수 있으며 행동할 준비가 되어 있어야 할 때입니다. 무언가 가치 있는 일에는 시간과 인내가 필요하며, 무엇에 투자할지 결정하는 건 당신 몫입니다. 재능이 있어도 노력하지 않는다면, 노력하는 자가 재능 있는 자를 이길 것이고, 이 카드는 단호하게 '노력하는 자'의 편에 있습니다. 연습과 인내로 거의 모든 것을 성취할 수 있죠. 자신을 전문가로 만들기 위한 노력을 시작하세요. 연구하고 배우며, 멘토를 찾고 지침을 구하세요.

코인의 페이지가 사람을 가리키는 경우, 그는 처녀자리나 황소자리, 염소자리와 같은 흙의 별자리 태생일 가능성이 높습니다. 아마도 당신보다 어리거나 왠지 덜 어른스러울 거예요. 어쩌면 학생이거나, 당신이 조언과 충고를 해줄 수 있는 사람일 수도 있어요.

• • • •

전통적으로 코인의 페이지는 꽃밭에 서 있는 청년을 묘사합니다. 남자의 뒤편 멀리에는 작은 나무 군락과 미래의 수확이 기대되는 새로이 일군 들판이 있어요. 지평선 너머의 산은 보상을 이루기 위해 꼭 필요한 앞으로의 노력과 도전을 보여주죠.

• • • •

굿 카르마의 조언
*게으른 사람은 순간적인 즐거움만 얻지만,
노력하는 사람은 미래에 결실을 얻을 것이다.*

Knight of Coins
코인의 나이트

해야 할 일을 하라 · 노력을 계속하라 ·
자신의 노력에 반드시 보상하라

일, 일, 일뿐입니다. 일만 하고 놀지 않으면 따분한 삶을 살게 된다지만, 보통 열심히 일하지 않으면 우리의 '놀이'에 자금을 댈 수가 없죠(혹은 진가를 알 수 없죠). 이 카드는 이것이 당신의 세상에서 일어날 수 있는 일이라고 넌지시 알려줍니다. 흔히 나이트는 각 슈트의 양 극단을 상징하는데, 코인 슈트는 돈과 집, 일, 자산에 대해 말하는 슈트였죠. 코인의 나이트는 당신에게 이 부분에 너무 편중되어 살고 있지 않은지 묻습니다. 혹은 아직 모자라나요?

코인의 나이트는 완강하고 본분에 충실하며 결의가 굳은 일벌레입니다. 집에 틀어박혀 지내고, 밖에도 나가지 않고, 계속 일만 하죠. 그의 관심사는 자신의 물질 영역에 집중되어 있어요. 기사는 왕국의 국경을 순찰하며 모든 것이 안전하고 안심할 수 있는지 확인합니다. 성실성은 미덕이지만, 다른 모든 것을 희생하면서 추구한다면 그렇지 않게 되죠. 바로 지금 당신의 생활을 가늠해 보세요. 너무 열심히 하고 있나요? 아니면 아직 부족한가요?

만약 코인의 나이트가 사람을 가리킨다면,

그는 처녀자리나 황소자리, 염소자리와 같은 흙의 별자리 태생일 수 있습니다. 이 사람은 진지하고 집중력이 좋은 완벽주의자이며 자신의 일과 집, 재산에 몰두합니다.

• • • •

전통적으로 코인의 나이트는 말을 타고 앉아 손에 쥔 금화를 바라보고 있습니다. 그는 어디도 가고 싶지 않아요. 배경에는 기사가 보상을 받기 위해 해야 하는 일을 나타내는 새로이 일군 들판이 있습니다. 따분하고 반복을 되풀이하지만, 꼭 필요한 일이죠.

• • • •

굿 카르마의 조언
열심히 놀고 싶은 자, 열심히 일하라.

Queen of Coins
코인의 퀸

소소한 기쁨을 누려라 · 물질적 자원과
육체적 에너지를 스스로 관리하라 ·
부와 안전을 가져올 새로운 기회에 YES라고
대답하라

코인의 퀸은 자신의 몸과 자원, 에너지를 통제하는 사람입니다. 그녀는 자수성가한 성공 신화이자 대자연의 표상 같은 인물입니다. 여왕은 자기 자신과 자신의 일을, 그리고 타인을 소중히 합니다. 그녀는 우리가 살면서 만나고 싶어 하는 '바위'처럼 든든한 존재입니다. 그녀는 물질적으로 부유할 뿐만 아니라 친절과 기회에 대한 사랑 또한 풍부하죠.

이 카드가 나온다는 건, 당신이 건강이나 에너지, 돈, 일, 집, 자산 같은 물질 영역에 대해 타당하고 적극적이며, 기지 있고 기민하게 대처해야 한다는 의미입니다. 이러한 물질적, 육체적 기반을 안정화해야 이것을 토대로 발전할 수 있죠. 이 영역을 어떻게 관리하고 있습니까? 당신은 자주적이고 자기주장을 할 수 있나요? 다른 사람들을 돌보고 있나요? 만약 당신이 그중 어느 것에라도 '아니오'라고 대답했다면, 이 카드는 나서서 주인의식을 가지라고 말합니다. 우리는 다른 무엇보다도 먼저 우리 자신에 대한 책임이 있고, 나아가 우리가 아끼는 사람들도 지키고 도와야 합니다.

코인의 퀸이 사람을 나타내는 경우, 아마 처녀자리나 황소자리, 염소자리와 같은 흙의 별자리 태생일 것입니다. 그녀는 당신보다 나이가 약간 많고, 자애롭고 현명하며, 실용적이고 믿음직한 사람이죠. 당신은 그녀에게서 많은 것을 배울 수 있습니다.

• • • •

역사적으로 코인의 퀸 카드는 과실수와 염소, 천사, 그리고 물질적 성공과 기쁨의 또 다른 상징들이 새겨진 왕좌에 앉은 여자를 묘사합니다. 마치 부의 상징을 보살피기라도 하듯, 손에 든 금화를 다정하게 바라보고 있죠. 그녀는 꽃에 둘러싸여 있으며 옆에는 풍요와 비옥함을 상징하는 작은 토끼가 있습니다.

• • • •

굿 카르마의 조언
*부의 진정한 척도는 수중에 돈이 없을 때
당신이 얼마나 가치 있는가이다.*

King of Coins
코인의 킹

우두머리가 되어라 · 당신의 물질 영역을
키우고 지켜라 · 당신은 무슨 일이든
다룰 수 있다

코인의 킹은 현실적이고 회복력 좋은 성공한 생존자입니다. 그는 자신이 무에서 유를 창조할 수 있고 역경을 감당할 수 있으며 어떤 실패와 좌절도 극복하고 다시 일어날 수 있다는 것을 알고 있어요.

코인의 킹이 나온다면, 당신은 아마 곧 이런 사람을 만나거나(그 인연을 귀하게 여기세요) 스스로 코인의 킹 같은 존재가 되어달라는 요청을 받고 있을 것입니다. 금전과 경력, 자산, 건강과 관련된 문제에 나서세요. 이익을 도모하고 발전시키며, 당신의 물질 영역을 투자해 키우고 지켜나가세요. 어느 누구도 당신을 배려해야 할 책임을 느끼지 않습니다. 자신은 스스로 책임져야 해요. 그리고 자신이 한 노력의 대가를 즐기세요. 어쨌든 성취감이나 기쁨을 주는 무언가를 얻지 못한다면, 그 모든 노력과 인내는 무의미할 테니까요. 자신을 잘 대접해 주세요. 그런 다음, 다시 일하러 가야죠!

코인의 킹 카드가 사람을 의미하는 경우, 그는 아마 이 카드와 연결되어 있는 별자리인 황소자리 태생일 것입니다. 이 사람은 지혜롭고 기민하며, 실리적이고 강인한 사람입니다. 그에게 의지하세요.

• • • •

대부분의 타로 덱에서 코인의 킹은 황소자리와의 연결을 나타내는 황소가 조각된 왕좌에 앉아 있습니다. 포도와 덩굴 문양으로 꾸며진 왕의 로브는 부와 풍요를 상징해요. 오른손에는 홀을, 왼손에는 금화를 들어 물질적인 부에 대한 그의 힘과 영향력, 통제력을 나타냅니다. 발치에는 더 많은 덩굴, 꽃과 식물이 있으며, 이는 최고치의 물질적 성공을 암시하죠. 그는 자신이 이룬 것을 자랑스러워하고 누리고 있으며, 지혜와 자기 수양으로 계속 유지하려고 해요.

• • • •

굿 카르마의 조언
인내와 끈기, 그리고 노력은
성공하기 위한 불패의 조합이다.

타로 덱 다루기

자신감 있는 타로 리더가 되기 위한 당신의 여정은 하나, 카드의 의미를 새기고, 둘, 스프레드를 만들고 결과적으로, 당신의 카드에서 일관성 있는 의미와 이야기를 뽑아내는 방법을 배우는 것입니다. 해석이 전부예요. 말 그대로 그게 '전부'죠. 임의로 뽑은 카드에 대한 당신의 이해와 해석은 아마 다른 사람의 것과는 매우 다를 테지만, 놀라지 마세요. 그건 타로가 지닌 마법의 일부죠. 카드는 그 안에 내재하는 고유의 의미뿐만 아니라 우리 자신의 경험과 지혜도 반영하니까요.

이제 우선적으로 할 일은 스프레드, 즉 배열법을 만드는 것입니다. 리딩의 큰 주제나 질문을 일련의 작은 질문들로 분류하세요. 그 질문들을 하나로 더했을 때 하나의 큰 대답이 될 거예요. 스프레드의 모든 카드는 각각 하나의 역할을 맡습니다. 즉, 질문의 대답이 되죠. 이렇게 하면 리딩 연습을 위해 수록해 둔 몇 가지 전형적인 스프레드에 더해 자신만의 스프레드를 제작하는 방법을 익히게 될 거예요. 여기에는 연습이 필요하지만, 하면 할수록 자신감이 붙는답니다.

남은 건 마법적인 부분입니다. 스프레드의 특정 질문에 따라 나온 카드를 보고, 각 카드를 개별적으로 해석한 다음, 그 의미를 결합해 더 큰 질문에 대한 대답을 하는 식이죠. 이건 저도 아직까지 어렵더라고요. 이건 만만하게 보거나 '즉흥적으로' 해서는 안 됩니다. 시간과 인내가 필요한 일이죠. 처음에는 각각의 카드에 대한 당신의 생각을 써보고 나서 그것들을 엮어 전체적인 해석으로 만들어보는 데에 한 시간까지도 걸릴 수 있어요. 연습하세요. 연습만이 살길입니다.

타로 리딩이 처음이든, 전에도 해본 적이 있든 인내심을 가지세요. 이건 평생에 걸쳐 익혀야 하는 기술이라는 것을 이해해야 합니다. 하룻밤 사이에 해결할 수 없어요. 그래도 아주 신나는 사실은 리딩을 하고 그 의미와 대답을 이끌어낼 수 있다는 거예요. 당장 오늘부터요! 카드랑 가이드북, 이미 모든 도구가 준비되어 있습니다. 이제 남은 건 시간을 들여서 가이드북을 찾아보지 않고도 리딩을 할 수 있도록 익히고(그러면서 점점 더 당신의 직관에 의존하게 되죠) 당신이 하는 말과, 말하는 방법에 대해 자신감을 기르는 것뿐이랍니다.

행운을 빌어요, 친구들. 즐거운 여정이 되길.

스프레드

타로카드 리더가 카드를 테이블 위에 실제로 펼치거나 놓는 방법을 '스프레드'라고 합니다. 이것은 리딩의 뼈대이자, 구조예요. 각 카드의 배치는 타로의 조언이 담길 질문이나 삶의 영역을 나타냅니다. 카드를 배치하기 전에 스프레드를 제작하거나 어떤 스프레드를 쓸지 결정해야 하며, 적어도 처음에는 카드를 섞고 뽑기 전에 놓아야 할 자리에 구획을 그려두는 것을 추천해요(기억해야 할 요소를 하나 줄여서 카드에 더 집중할 수 있게 말이죠). 이제 이 구간이 타로 리딩에서 '실행 파트'의 진미라 할 수 있죠. 여러 장의 카드를 뽑아서 그 의미들을 하나의 이야기로 만들어주잖아요.

저는 스프레드에서 카드를 딱 일곱 장까지만 써요. 왜냐고요? 음, 7은 행운의 숫자이기도 하고, 일곱 장보다 더 놓으면 한꺼번에 하나의 이야기로 만들어내기에 너무 길거나 복잡하다고 생각하거든요. 가능한 한 쉽게 사는 거, 전 완전히 찬성이에요! 당신이 타로카드 리딩을 시작하는 데 도움이 되도록 다음 페이지에는 여섯 가지 스프레드에 대해 상세히 적어두었습니다. 이 스프레드들은 이미 여러분을 위해서 의미를 담아 제작해 둔 거니까, 자신의 스프레드를 직접 만들기 전까지 이것들로 연습할 수 있어요.

뭐든 다 종이에 적어서, 여러분의 의식이 자유로이 당신의 '이야기'를 직관하고 해석할 수 있게 해주는 걸 잊지 마세요. 그리고 꼭 124-125쪽의 [타로 속 스토리텔링의 예술] 코너도 읽어보세요. 카드를 익히는 것을 넘어서 일관성 있고 눈을 뗄 수 없는 해석을 한데 묶어 종합할 수 있게 되는 실력을 키우는 데 도움이 될 것입니다.

단계별 가이드

1. 스프레드 만들기

질문이나 주제에 대해 생각하고 전반적인 목표에 대한 답이 될 질문 대여섯 개(혹은 일곱 개)나 분야를 적어보세요. 다음 페이지의 예시를 활용해도 좋아요. 스프레드를 논리적이고 물 흐르듯 이어지도록 만들면, 카드를 읽는 순서대로 '이야기'를 해나가는 건 어렵지 않습니다. 이렇게 하면 다양한 스프레드 배열법을 연습하고 써볼수록 점점 쉬워지고, 시간이 지나면 여러분의 마음에 드는 스프레드가 생길 거예요.

2. 카드 섞기

카드를 섞는 데에 마법처럼 특별한 방법은 없습니다. 너무 두껍거나 커서 섞기 어려운 카드도 있죠. 저는 이따금씩 그런 카드는 바닥에 몽땅 쏟은 다음 대충 이리저리 긁어모으고 제 쪽으로 튀는 카드를 뽑기도 해요. 고객이 있을 때는, 고객에게, 카드를 섞은 다음 왼손으로 카드 묶음을 왼쪽 방향으로 두 번 나눠서 세 개의 더미를 만들게 합니다. 그런 다음 한 더미를 골라달라고 하고 거기에서 제가 고객의 카드를 뽑죠.

3. 카드 배치하기

선택한 카드를 스프레드 순서에 맞춰서 뒤집습니다. 저는 원형, 아치형, 십자가형 같은 복잡한 형태는 하지 않아요. 전 그냥 카드들을 나란히 내려놓습니다(걱정하던 '실행 파트'가 살짝 줄었죠!). 스프레드에서 각 질문이나 분야에 어떤 카드가 나왔는지 적어두라고 권하고 싶어요. 곰곰이 생각해 볼 여유도 생기고, 나중에 자신의 리딩을 돌아볼 수도 있거든요.

4. 대답이나 이야기 만들기

먼저 카드를 보고 무엇이 떠오르는지 확인해 보세요. 예를 들어 메이저 아르카나 카드나 슈트 카드, 또는 특정 슈트 대부분, 아니면 익히 알려진 특정 상징, 색깔, 분위기 등등 일반적인 이미지 말이에요. 그걸 다 적어보세요. 이제 각 카드의 의미를 찾아서 메모하세요. 여기서 핵심 '요령'은 카드의 의미가 답변해야 하는 질문이나 해당하는 생활 분야에 관련이 있는지 확실히 하는 것입니다. 이 부분이 마법이 깃든 곳이고, 당신의 직관과 스토리텔링 능력이 발휘되는 곳이죠.

새로운 한 주 스프레드

이 스프레드는 확실히 '고객 취향'이에요. 여러분은 매주 스프레드 리딩 기술을 연습하는 데 활용할 수 있고, 다가올 한 주에 대한 선한 경고도 받을 수 있을 거예요! 꾸준히 주간 리딩 일지를 기록하세요(실제로 나온 카드와 여러분의 전반적인 해석). 그러면 그 주에 여러분의 삶에 영향이 있거나 현실화되었는지, 또 어떻게 되었는지 돌아볼 수 있으니까요.

1	2	3	4	5
다가올 한 주간 당신을 둘러싸는 에너지	잡을 수 있는 기회	극복해야 할 장애물	이번 주에 다른 사람을 도울 수 있는 방법	한 주 동안 당신의 삶에는 어떤 변화가 생길까?

• • • •

생일 혹은 새해 리딩

이 리딩은 다가올 한 해를 위한 당신의 포부와 계획을 표시하기 위해서 이런 중요한 날짜에 하는 게 좋습니다. 리딩과 관련해 의식을 고안해 보세요. 초를 켜고, 리딩을 시작하기 전 가이드가 있는 명상을 들으며 좋아하는 음식이나 음료를 즐긴다든가 하는 거죠. 이것이 연간 달력에서 특별한 이벤트가 될지도 모릅니다.

1	2	3
지나온 한 해에 대한 인생 교훈	지금 현재 나의 가장 큰 강점	나는 자신의 발전을 위해 무엇을 하고 있는가?

4	5	6
나의 사랑 에너지/ 삶의 에너지	경력을 위한 다음 단계	앞으로 1년 동안 행복을 위한 나의 우선순위는 무엇인가?

미래의 사랑 혹은 영혼의 단짝 스프레드

사랑은 타로 리딩에 있어 가장 대중적인 주제로, 다른 주제들에 비해 월등히 인기가 좋아요! 이 스프레드는 제 가장 잘나가는 스프레드인 '미래의 사랑 리딩'을 기반으로 하고 있습니다. 이 스프레드에서는 지금 당신이 어디에 있고, 누가 곧 나타날 가능성이 있는지 알고자 하죠. 혼자인 사람들을 대상으로 해요. 당신의 카드에 특별한 사람이 나타나길 바랍니다.

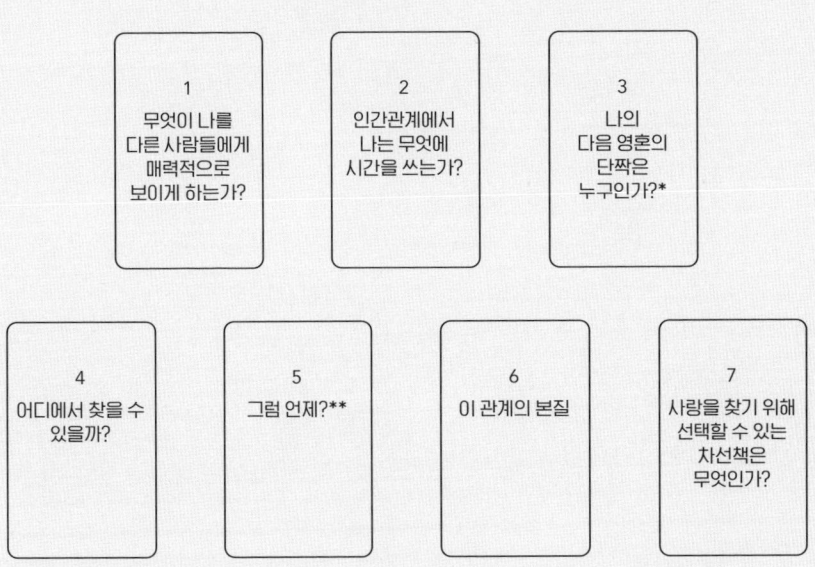

* '누구인가'를 알기 위해서는 카드 설명의 '이 카드가 사람을 나타내는 경우' 부분에서 단서를 찾으세요.

** 대강의 타이밍을 얻기 위해서는 코인 슈트는 해(그러니까 코인 에이스는 1년 이내 암시), 소드 슈트는 달, 완드 슈트는 주, 컵 슈트는 날을 의미한다는 걸 알아두세요. 만약 메이저 아르카나 카드가 나온다면, 카드가 나타내는 별자리를 보고, 그 별자리가 1년 중 언제인지 살펴보세요(예를 들면, 천칭자리를 나타내는 정의 카드는 10월경을 의미).

과거의 인연과 지나간 관계 스프레드

인생에서 중요한 사람을 잃게 된 이유나 정황을 고찰하는 것은 유용하고 카타르시스를 느끼게 하는 일입니다. 관계의 끝 이면에 숨은 계기와 직접적인 원인, 현실적인 이유를 이해함으로써, 우리는 지혜와 통찰을 얻고 그것을 발판으로 미래에 더 강한 관계를 쌓을 수도 있습니다. 다 그러면서 배우는 거죠.

직업 진로 리딩

직업은 타로 리딩에 있어 사랑과 인간관계 다음으로 흔한 분야일 것입니다. 카드의 인도에 따라 '당신에게 딱 맞는 자리', 즉 당신의 이상적인 진로는 무엇이고, 어떻게 하면 그 길에 더 가까워질 수 있는지를 찾아보세요.

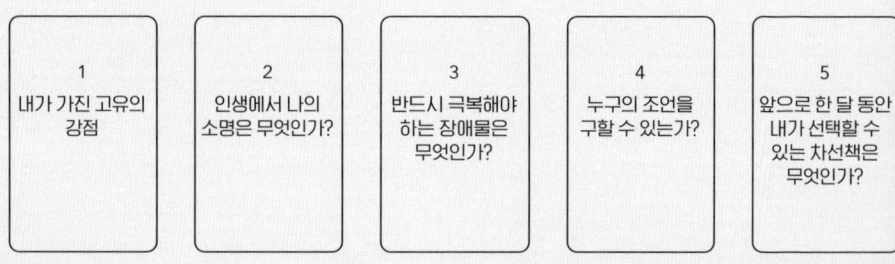

타로를 통한 나 자신에 대한 이해

이 간단한 리딩은 힘이 필요하거나 약간의 상실감을 느낄 때, 또는 당신이 인생에서 무엇을 해야 하고 어떻게 적응해야 하는지에 대한 확신이 없을 때 쓸 수 있습니다. 이 스프레드는 당신만의 강력한 재능을 상기시켜 주고, 당신이 다시 근사한 사람으로 돌아갈 수 있도록 몇 가지 명확한 조언을 줄 수 있어요!

1 다른 사람들은 나를 어떻게 보는가?	**2** 성격 면에서 나의 가장 큰 강점은 무엇인가?	**3** 인생에서 내가 맞붙어야 하는 두려움이나 방해물은 무엇인가?
4 내가 놓치고 있을지도 모르는 기회는 무엇인가?	**5** 인생에서 지금 당장 내가 관심을 기울여야 하는 부분은 어디인가?	**6** 다가올 달에 내가 우선적으로 여겨야 할 '다음 단계'는 무엇인가?

타로 속 스토리텔링의 예술

저는 타로 리딩을 익힐 때 가장 어려운 부분은 카드를 외우는 것이 아니라고 생각합니다(그것도 끔찍하긴 하지만, 외우고 나면 계속해서 리딩을 멈추고 찾아보지 않아도 되니까 그때부턴 훨씬 쉬워지잖아요).

가장 어려운 부분은 스프레드를 이야기로 만드는 것, 즉 각각의 카드에 흩어져 있는 의미들로부터 하나의 꽉 찬 원형의 해석을 빚어내는 것이죠. 이것은 조각을 잇는 것 이상의 일이며 전체를 빚어내는 법을 익히는 데에는 많은 시간과 연습이 필요합니다. 또한 당신이 리딩 과정에 일으키는 유일무이한 마법과도 관련이 있죠. 그 누구의 해석도 다른 사람의 것과 같지 않거든요. 당신은 앉아서 자신이 원하는 만큼 카드를 응시하고, 메모를 하고, 뜻을 찾아볼 수 있지만, 어느 시점에서는 질문자를 위해 카드들의 의미를 일관된 대답 또는 이야기로 결합해야 합니다. 여기에는 연습과 끈기가 필요해요.

스토리텔링이 쉽지 않더라도 좌절하거나 싫증내지 마세요. 이건 정말로 어려워요. 이렇게 배워나가면서 쌓은 실력으로 당신은 훌륭한 타로 리더가 될 수 있고, 이것은 고수할 가치가 있는 학습 곡선(learning curve, 학습의 진행에 따른 숙련도를 그린 곡선)이라고 생각해요(하룻밤 사이에 이뤄지는 일이 아니죠).

최고의 비결 노트

☆ 연대기적 또는 논리적인 이야기처럼 스프레드를 제작하면, '쉽게 갈' 수 있다.

여러분의 스프레드를 논리적으로 디자인함으로써, 리딩을 더 편안히 할 수 있게 하고, 각각의 배치가 연대순으로 가거나 주제와 관련된 일관되고 명료한 맥락을 통해 자연스럽게 다음으로 이어지게 하세요. 이런 순서에 따라 카드를 소리 내어 리딩해 보면, 스프레드의 기본 구조가 논리적이고 영리하게 짜여 있기 때문에 바로 의미가 통하기 시작할 것입니다.

☆ 모든 것을 적어라.

스프레드를 적은 다음, 각각의 위치에 어떤 카드가 놓이는지 적으세요. 그러면 그것은 당신의 머릿속을 떠나 종이 위로 옮겨가게 되고, 당신은 해석을 생각하는 데에만 정신을 집중할 수 있습니다. 이렇게 하면 직관이 흘러들어갈 공간도 더 많아지죠. 흔히 상황을 이분법적으로 보는 것도 연결고리를 더 분명하게 만들죠. 또한 그것을 적는다면, 당신이 다른 카드의 정보를 받아들이고 이를 의식적으로 각각의 질문이나 삶의 영역에 연결할 수 있는 추가적인 시간을 얻을 수 있습니다.

☆ 각각의 카드를 해석하기 전에 개괄적 동시성(synchronicities, 유의미한 우연의 일치)이 작용하는지 살펴라.

카드의 구체적인 의미에 집중하기에 앞서, 카드 스프레드를 전체로서 한번 살펴보세요. 메이저 아르카나(이 카드들은 대부분 질문자에게 이것이 중요한 갈림길이거나 보이지 않는 힘이 작용한다는 의미일 수 있음), 슈트(특정 슈트가 우세하다면 그 슈트의 에너지가 중요하다는 의미일 수 있음), 코트카드(여기서 질문자 본인의 행동이나 조치보다는 다른 사람이 개입하거나 더 큰 역할을 할 수도 있음), 숫자(에이스는 시작, 10은 완성)의 존재에 주목합니다. 지배적인 카드 유형들을 기록하고 이것이 의미하는 바가 무엇인지 자신의 생각을 적으세요.

☆ 카드의 의미를 스프레드에서 다루는 질문이나 삶의 영역으로 '끌어당기기' 위해 노력하라.

이거야말로 진짜 비결이에요! 이 과정에서 별개의 두 가지를 함께 융합하고 그들로부터 일관된 답을 만들어야 합니다. 자, 스프레드에서 각 카드의 배치는 '누가 내 영혼의 단짝인가?' 또는 '이 일을 맡으면 무슨 일이 생기는가?' 같은 특정 질문이나 주제에 대한 대답이 될 거예요. 그럼 카드를 뽑아 그 의미를 읽습니다. 보통 맨 윗줄의 제목을 읽죠. 이건 질문에 대한 직접적인 대답이 되지 않아요. 타로 리더로서 당신의 역할은 그 의미를 비틀거나 고쳐 다듬고, 변형하거나 표현을 바꿔서 던져진 특정 질문에 답하는 것입니다. 이것은 모든 요소 가운데 가장 까다로우며, 논리나 단순한 상상보다는 추리를 통한 우회적이고 창의력 있는 사고를 필요로 해요. 연습만이 살길입니다. 연습하세요!

☆ 가능한 한, 많은 자기계발서를 읽어라.

이것은 제가 타로 리더로 발돋움하는 데 도움이 되었던 개인적인 조언입니다. 당신은 진실해야 하지만, 또한 당신 자신과 당신의 질문자를 위해서 긍정적이고 희망적인 자세를 취해야 해요. 질문자에게 부정적, 도전적인 메시지를 전달하거나 당신 스스로 '잘못된' 답이 아닌지 의심스러운 답을 주는 것은 힘든 일일 거예요. 자기계발서는 당신이 더욱 솔직하고 친절하며 용기를 주는 리더, 부정적인 메시지를 긍정적인 메시지로 바꾸고 냉정한 메시지를 미래에 대한 희망을 주는 메시지로 재구성할 수 있는 리더가 되는 데 도움이 될 언어와 체계, 지침을 제시합니다.

☆ 카드를 당신 '자신'의 인생 스토리와 연결시켜라.

카드를 익힐 때, 그 카드와 관련 있다고 생각되는 자신의 인생(또는 당신과 가까운 사람들의 인생) 속 상황을 찾아보는 것이 유용할 거예요. 그것은 당신이 카드를 외우는 데 도움이 될 뿐만 아니라, 카드의 메시지가 실제 삶에서 어떻게 보일지 이해하고 감정적으로 연결해 볼 수 있게 하죠. 게다가 가끔은 우리의 경험담을 들려줌으로써 질문자가 자신은 외롭지 않으며 자신의 상황은 특별하지 않고 극복이 가능하다고 생각하는 데 도움이 될 수도 있습니다.

타로 부적

타로카드를 리딩뿐만 아니라 일상에서 영적인 부적(그것들을 '치어리더'라고 생각하세요)으로 활용함으로써, 카드에 더욱 개인적이고 감정적인 유대감을 형성할 수 있습니다. 타로카드는 수백 년에 걸쳐 발전되어 왔습니다. 카드에 축적된 지혜는 깊이 있고 공감을 일으키며 수백만 명을 대상으로 시험을 거쳤죠. 인류에게는 우리를 갈라놓기보다는 이어주는 경험과 감정이 더 많으니, 타로의 집단 지성을 당신의 세상으로 가져오세요. 당신은 추가적인 도움이 필요할 때 카드를 이용해 유용한 조언과 에너지를 충전할 수 있습니다.

하단에 나오는 감정들이 자리 잡은 어느 날, 혹은 인생의 힘든 고비를 지나는 동안, 그냥 당신에게 가장 유의미하거나 울림이 있는 카드를 선택해서 거울이나 책상, 노트, 주머니, 휴대폰 케이스에 찔러두면 됩니다. 마치 수호석처럼 그것을 지니고 가까이에 두세요. 그리고 당신의 하루가 시작될 때 잠시 그 의미와 에너지에 대해 생각해 봅니다. 이 카드가 고대의 강력한 지혜와 위로를 당신에게 직접 가져다주고 그 힘으로 어마어마한 기운을 불어넣어 준다고 상상해 봐요. 타로 덱을 인생의 힘든 시기를 동행해 줄 수 있는 영적 코치들의 팀인 것처럼 활용하세요.

내가 불안할 때,

Nine of Swords
소드 9

The Moon
달

Temperance
절제

내가 화날 때,

Justice
정의

Strength
힘

Five of Wands
완드 5

내가 슬플 때,

 The Star
별

 Ace of Wands
완드 에이스

 Five of Cups
컵 5

내가 창피할 때,

 Queen of Cups
컵의 퀸

 The Devil
악마

 Judgement
심판

내가 압박감이 심할 때,

 Nine of Wands
완드 9

 Ten of Wands
완드 10

 The Hanged Woman
매달린 여자

내가 막막할 때,

 The High Priestess
여사제

 The Hermit
은둔자

 The Chariot
전차

내가 혼란스러울 때,

 Eight of Swords
소드 8

 Two of Swords
소드 2

 The Fool
바보

감사의 글

저는 우리가 인생에서 필요로 하고 바라는 '모든 것'을 딱 한 사람으로부터 다 얻을 수 있다고 생각하지 않습니다. 우리는 모두 자신이 지닌 본성의 다양한 측면에 맞춰 행동하고 우리의 필요를 충족시키기 위해 주변에 지원군이 필요하죠. 여기서 정말 언급하고 싶은 세 그룹이 있습니다. 사실 그들은 제 지원군을 대표하는 사람들이거든요.

제일 먼저, 우리 가족이죠. 강인하고 다정하신 아빠 데니스와 엄마 프레다, 재미있고 착한 내 자매들 비키와 데브라, 사랑스러운 조카(앨리스), 카리스마 넘치는 조카(윌), 행복한 사촌들, 이모들, 삼촌들. 저는 가족이 정말 자랑스러워요. 가족들이 저를 안정과 사랑으로 키워주신 덕분에 지금의 제가 있는 거죠. 둘째는 친구들이에요. 저는 우정을 중요시하는 여자이고 제 친구들을 사랑해요. 우린 모두 좋은 친구들이 필요해요, 그렇지 않나요? 친구들은 저를 웃게 해주고, 중요한 건 그거죠. 니콜라, 페이, 클레어, 카일리, 크리스틴, 켈리, 엘렌. 내 키스를 받아, 쪽! 그리고 마지막은 나의 또 다른 반쪽 루크. 행복하고 안전하며 평화로운 가정, 안식처가 있어서 내가 하는 모든 일이 가능한 거 같아. 내 인생의 동반자이자 고양이들 모두의 공동 부모가 되어줘서 고마워. 사랑해.